KUWEI
酷威文化
图书 影视

逻辑表达力

林墨恒 著

江苏凤凰文艺出版社
JIANGSU PHOENIX LITERATURE AND ART PUBLISHING

CONTENTS

目录

第一章

为什么表达需要逻辑

第一节
逻辑思维的内涵

提到逻辑学，大多数人都会感到十分枯燥。作为哲学的一个分支，逻辑学在日常生活中的应用似乎很少。但是，随着时代的发展，越来越多的人开始注重逻辑学在工作和学习中的应用，一些家长甚至在孩子很小的时候就开始注重培养孩子的逻辑思维能力。

那么，逻辑学究竟是一门什么样的学科呢？

根据逻辑学的定义可知：这是一门研究人类思维基本形式和规律的学科。所谓人类的思维，其实就是人们借助概念、判断，以及推理形式，由此及彼、由表及里地认识并把握事物本质的过程。作为一门古老的学科，逻辑学早在两千多年前，就在古代的希腊、印度和中国形成。在古希腊，这门学科被称为“逻辑”；在古印度，它被称为“因明学”；在古代中国，它则被称为“名辩学”。

近些年来，逻辑思维成了人们常常讨论的话题，关于提升逻辑思维能力的各种课程和书籍在不断地推陈出新。这种现象体现出人们越来越重视对逻辑思维的培养。那么，究竟什么是逻辑思维呢?

相关专家指出:逻辑思维是指将思维内容联结、组织在一起的方式或形式。思维是以概念、范畴为工具去反映认识对象的，而逻辑思维是思维的一种高级形式。人在大脑中将这些概念和范畴以某种形式储存其中，形成了思维结构，并且借助判断或推理等思维方式能动地反映客观现实，这一过程就是“逻辑思维”，又被称为“抽象思维”。

只有运用逻辑思维，人们对事物才能达到一定程度的理性认知，才能对具体对象的本质有所了解，才能不断地认识客观世界。因此，不管是工作还是生活，逻辑思维都显得十分重要。我们思考得快与慢、深与浅，表达得流畅与阻塞、优美与粗鄙，思维得严谨与混乱、宽广与狭窄，等等，这些其实都与逻辑思维有关。只有当我们逻辑严谨且完整时，所做的事情才会事半功倍，否则就会事倍功半，甚至得不偿失。所以，我们一定要理清自己的思维，让它有逻辑、有秩序地为我们的思想服务。

首先，我们说一说逻辑思维能力是如何在思考速度上体现的。上学时，我们经常会做练习题和试卷，对于同样的一道题目，有的同学三至五分钟就可以写出答案，而有的同学却要花上十几分钟，这是为什么呢?

其实，这是因为我们的大脑有着不同的思维方式。大脑有快慢两种思维方式，前者是直觉思维，更倾向于无意识的思维活动；后者则是逻辑思维，更多的是有意识进行的。那些在较短的时间就能解决问题的人，会依靠经验、记忆和情感来快速做出准确的判断；但那些需要花费更多时间思考判断的人，则会通过既定事实和明确的逻辑关系来分析和解决问题，并以此做出决策。也就是说，虽然运用逻辑思维的思考速度相对较慢，但是其思考结果的质量反而会更高。而且，直觉思维与逻辑思维并不会互相产生冲突和矛盾，一个能力出众的人往往善于将两种思维结合起来共同运用。

其次，表达能力的流畅度也反映着逻辑思维能力。人们的表达能力不仅显示在知识水平上，还与逻辑思维能力有着密切的联系。逻辑思维并非直接生产知识，而是提供一套严谨的规则，让我们更好地组织运用知识，有条理、有逻辑地了解事物。但如果我们的表达是没有逻辑的，就会产生歧义，让人误解，甚至贻笑大方。

我们会发现，在幼年初学母语的阶段，语言表达力时常会出现阻塞的现象。初学母语的低龄儿童往往说不出完整的句子，只能一个词一个词地表达自己的意思。其实，这是因为他们还处于形象思维阶段，并且词汇量匮乏，不具备完整表达意思的能力。这种情况在我们初学外语的时候也会发生。当我们刚接触一门外语时，表达一个连贯、没有语法错误的句子是十分困难的。不能清楚地表达自己的思想，会直接影响我们表达的流利度和连贯性。

再次，思维是严谨还是混乱对表达有着重要的影响。在工作和生活中，你是否会有这样的体验：每当你要思考问题或者发表意见的时候，头脑中就会一片混乱——许多想法和问题纠结在一起，像一团乱麻——不能有条理地组织在一起。还有一些人，在读一篇论文或者一本书的时候，读到了后面就完全不记得前面讲了什么，甚至还要倒回去重新看一遍。这些都是思维没有条理的表现。

著名的物理学家爱因斯坦曾说过："一个人智力的发展和形成概念的方法，在很大程度上取决于语言。"而语言的表达就要求我们要有清晰的思维和严谨的逻辑。思考时没有头绪，说明信息在我们头脑中排列的方式是无序的。逻辑思维就是让我们按照一定的规律和顺序组织我们的思想。

《金字塔原理》一书中指出，组织思想基本上只可能有四种逻辑顺序：演绎（从前提推导出结论）、时间、结构、程度。提高逻辑思维能力的关键在于，要使我们的思维脉络清晰化。一部好的作品，一定要有条理明晰的主线——这是基础的脉络——然后填充其他的线索和旁支，有机地组成整体才可能成为杰作。我们可以抓住线索与脉络去探寻作者在作品背后的思维过程，有了全篇的脉络就可以避免阅读时出现前后脱节、看了后边忘了前边的尴尬。

形成和发展逻辑思维的基础是社会实践。简单来讲就是，我们通过观察和学习来完善我们的逻辑思维。一个人的逻辑思维形成要经历两个阶段：一个是感性思维阶段，另一个是理性思维阶段。感性思维，顾名思义，就是在大多数情况下，喜欢凭自己的感觉去对待事物。它主要是靠自己的直觉和经验，去思考和判断的一种思维模式。而理性思维，则是有明确的思维方向，有充分的思维依据，能对事物或问题进行观察、比较、分析、综合、抽象与概括的一种思维。它主要是靠已经掌握的科学方法，去思考和判断的一种思维模式。

低年级小学生在学习数学加减法时，老师通常会采用实物教学方式。例如，让孩子观察能接触到的实物，用直观的感觉帮助孩子进行思维上的理解。通过简单的观察，孩子可以更加快速地学到知识和技能，这就是实物教学的优势。在孩子对生活中的不同事物进行观察和接触的过程中，他们会对周围的环境和世界产生属于自己的认识，这就是思维的形成过程。当然，这一阶段的逻辑思维是人们从生活实际中总结出来的，有一定的限制性和狭隘性，这时还不能称孩子已经形成了完整的思维模式。因为此时的孩子对周围事物的认识还远远不够，只能凭借生活经验进行了解，但这一阶段是逻辑思维的基础阶段。这就好比盲人摸象，在每个人的感性认识中，大象的形象是完全不一样的，而人们观察事物通常只看到表面，很少进一步进行思考，外表什么样就觉得本质是什么样。

所以，两种思维合理并用才能形成一个完整的逻辑思维模式。我们要发挥感性思维的长处，充分运用感觉摄取、知觉归纳、想象再造、情感指导等功能进行思维活动；与此同时，依靠理性思维产生思维结论，进行决策指导。这样的思维结构更加合理。

第二节
表达有逻辑，让你更受欢迎

了解了什么是逻辑思维，我们就要来看一看什么样的表达是有逻辑的。在与他人沟通的过程中，大家都喜欢思维清晰的表达方式，这样沟通起来更加省时省力。反之，说了一大段话，却没有重点，那么一定没有人会愿意继续听下去。

逻辑思维多种多样，它包括正向思维、逆向思维、横向思维和发散思维。有时候，谈话发生矛盾或者歧义，并不是对话内容本身出现了错误或问题，而是因为我们没有对内容进行合理的叙述表达。

我们来看下面两组数字：

123456789987654321

7455613298776

如果让你在三秒钟之内记下这两组数字，哪一组更好记忆呢？很明显是第一组。虽然第二组的数字比第一组要少，但是很多人可能需要几分钟的时间才能记住第二组数字。其原因就是第一组数字的逻辑顺序更加清晰，数字已经进行了合理排序。因此，人们根据已有的数字规律可以明白它所表达的内容，并且快速地记忆。

由此可见，不管是语言表达，还是文字表达，都会在无形中影响你和别人的交流相处模式，以及他人对你的学习能力、工作能力和生活能力的评价。

职场中，如果你表达得不清晰，可能会造成同事之间的不和，领导对你的误解，给你和他人的工作造成各种不必要的麻烦和负担，最后对你的职业生涯和职场规划造成一定的影响。交友时，如果你经常毫无重点地闲聊，就会令倾听的朋友觉得浪费时间，进而不再与你进行过多的交流。生活中，长期的表达不清晰，会让对方对你的观点和建议产生怀疑，甚至不愿再倾听你的意见。

而如何有逻辑地表达自己的观点，和他人进行高效沟通，是很多人都困惑的一个问题。不可否认的是，有逻辑地表达自己的想法，不仅会让别人觉得你是一个条理分明、思路清晰的人，也会让别人对你的发言颇为重视。长此以往，你的个人魅力在无形中就增加了。

那么，如何才能逻辑清晰地表达呢？

第一，在表达前可以先提炼出几个要点。注意，要点不宜过多，否则人们是不容易记住的。通常来讲，有经验的人会总结出三或四个大的要点。这就类似于我们写文章时的三段论，虽然简短但是“稳固”，而且还能增加你语言的说服力。

例如，在公司会议上，如果领导询问你对某一个重要项目方案的看法，你就可以用要点概括法回答。你可以这样说：“对于该项方案，我目前的想法有三点：第一点是明确针对的用户群体是谁；第二点是为什么符合他们的需要；第三点是他们可以通过使用收获什么。”然后，你可以根据人们的微表情、动作随机应变地阐述这三个要点。这样会比从头到尾没有重点、没有规律地叙述要好得多，并且不会引起听者的反感。

第二，想要详细表达你的想法，可以使用“5W1H 法”（12 页的图）。“5W”指的是何时（When）、何地（Where）、谁（Who）、做什么（What）、为什么（Why）；“1H”则指怎么做（How）。

很多人在表达一件事情的时候经常主次颠倒、语无伦次，让人不知所云。这些问题的原因就是人们在陈述事情时，没有把几个关键要点说明白，要表达的内容元素不够完整，有所缺失，致使听众一头雾水。因此，如果按照“5W1H 法”，把这几点重要内容讲清楚，就很容易让对方明白你要表达什么。

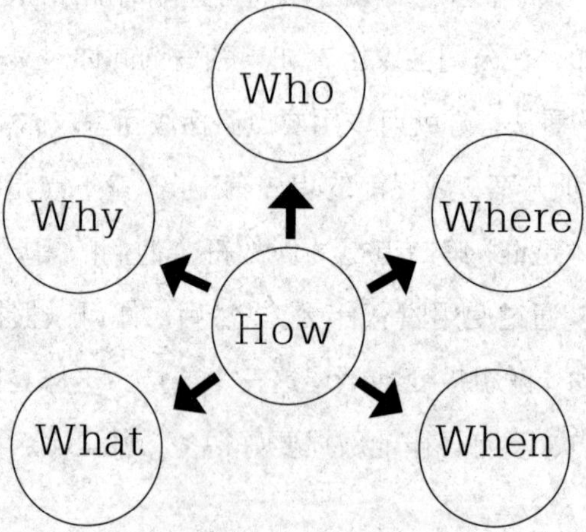

举个简单的例子。你所在的小组正在做一项产品计划，领导前来询问进展。他会问："你们的产品设计进展如何了？"这时，你就可以回答："我们小组（Who）根据目前制订的计划，已经完成四分之三的任务了，并同时在多个渠道平台（Where）进行了产品调研和测试（What），为我们团队加速研发提供了大量有用数据，加上沟通效率与配合度高（How），预计可以提前半个月（When）完成项目。如果项目能够提前完成，就能让团队尽快投入到下一个项目的开发上，为公司创造更多的收益（Why）。"

这样短短几句话，就把相关内容要素都包含了，让领导清楚明白地了解了想要获取的重要信息，使沟通顺畅到位。这样不但节约了大家的时间，也会让领导对你刮目相看。

第三，如果你要说的内容十分庞杂，不能简短概括其中的要素，那么可以用结论先行的方法表达观点。

结论先行是指先把最重要的结论，或者你要表达的观点在谈话一开始就先告诉对方。这种方法看似不太符合我们的说话习惯——因为我们的语言习惯是先说原因，后说结果，并且更倾向于含蓄委婉地表达自己的想法，而不是单刀直入（先说结论）——但是，先表达结论最大的好处是逻辑清晰，不会被前面冗长的原因陈述影响。

在职场的工作传达中，先说结果尤其重要。

张晓轩和李易帆是公司新来的两个实习生，领导让他们分别联系各部门的负责人并敲定会议时间。一天后，他们二人分别向老板汇报了工作。

张晓轩是这样汇报的："刘总，研发部的李总监说他不介意晚点开会，明天开也可以，但是明天上午十一点之前他没有时间；营销部的林总监说他明天不能参加下午两点的会议；设计部的徐总监说他现在在外地出差，明天下午才能赶回公司开会；并且已经有同事预约了明天下午在会议室和别的公司进行项目交流，所以开会时间定在后天上午十点，您看可以吗？”

听了张晓轩的汇报，如果你是老板估计会一个头两个大，甚至会认为张晓轩并不适合这份工作，而选择辞退他。

再看看实习生李易帆是如何汇报的：“刘总，您看这次的项目会议由原定的明天上午十点改在后天上午十点，可以吗？因为研发部的李总监和设计部的徐总监都不能参加原定明天上午的会议；而明天下午会议室已经有其他部门同事预约占用了，所以会议至少延迟到后天上午十点。”

听了李易帆的汇报，是不是就感觉事情简单多了？这就是结论先行的逻辑思维方式。先将结果说出来，会让对方在最短的时间获得最重要的信息。

麦肯锡咨询公司有一个著名的“三十秒电梯理论”，即要求每一个公司员工必须在三十秒之内把自己的想法表达清楚。麦肯锡认为，一般情况下，人们最多记得住前三条信息，记不住后面的信息，所以凡事要归纳在三条以内。这个理论源于麦肯锡公司的一次沉痛教训。

一次，麦肯锡公司为一个重要的大客户做咨询，咨询结束的时候，麦肯锡公司的项目负责人在电梯间里遇见了对方的董事长。该董事长问麦肯锡公司的项目负责人："你能不能说一下现在的项目讨论结果呢？"由于该项目负责人没有做好充足的准备，况且即使做好了准备，他也无法在电梯从三十层到一层的三十秒钟内把结果完整清晰地说明，最终，麦肯锡公司失去了这一重要客户。麦肯锡吸取了这次的教训，并要求公司员工凡事都要在最短的时间内把结果表达清楚。后来，这一案例演化为了"三十秒电梯理论"。

所以，若想让你的表达更有逻辑，更言简意赅，请记住：结论先行是第一要义，时刻要将结果放在前面。

第三节
表达无逻辑，人人远离你

在你的生活中，是否遇到过以下情况：

同事就一个项目向领导讲解 PPT，讲了大半天，领导却皱起了眉头，完全不知道他在讲什么；闺蜜向你诉说前几天遇到的趣事，说了半个小时，你却觉得越听越没意思；下属向你请教问题，说了一大堆话，你却不知道他究竟想问什么……

在我们的工作和生活中，会遇到一些说话很有逻辑的人，他们的思路清晰，条理清楚，无论是说话的方式还是做事的方法都能让别人明白。即使是专业性较强的内容，他们也能言简意赅地讲清楚。而没有逻辑的人说话则是含糊不清，不知所云，让别人听得云山雾绕。

那么，说话没有逻辑的人都有哪些表现呢？

第一，说话没有条理，经常是“东一榔头，西一棒子”。

比如说，某公司经理在汇报工作情况时，做了如下说明：“今年公司的业绩不错，销售部值得表扬，也多亏了产品研发部设计的多款热销产品，当然其中也有营销部的功劳，但是销售部的业绩比去年提升了一倍，此外后勤部门也做出了非常重要的贡献。”

这样一段总结说明看似把每个部门都表扬了一遍，但实际上对哪个部门的工作情况都没有做出详尽的说明，并且把几个部门掺杂着一起说，会让人感觉语无伦次。

第二，说话前后矛盾，前言不搭后语。

午休时，小李和同事小王聊天，说道：“最近工作太累了，晚上加了好几天的班，早上起来头痛得不行，但是医生说加强锻炼有助于睡眠……”

这种情况就是前面所说的话与后面的话自相矛盾，或者所用的例子不能证明自己的观点。

第三，说话啰唆，找不到重点。

有些人虽然说了一大段话，但言语重复没有重点，导致别人听不到关键内容而走神。出现这一现象的原因就是这种人在说话时注意力很容易分散，记不清之前说过的话，最后不断地重复一个观点。

说话没有逻辑，听众就很难理解你的想法。这一问题在工作中出现，会使上下级或者同事之间产生矛盾，甚至影响工作的进程和效率；在生活中出现，会影响夫妻关系或亲子关系。

不知道你是否存在这样的困扰：明明已经尽力表达了自己的要求，但是对方就是觉得你说得不够清楚，不明白你的意思甚至会对你产生误会，从而造成人际关系上的裂痕。

曾经有这样一个案例：

甲乙两人在聊天，甲对乙说："上个星期，我去了一趟苏黎世。你知道，苏黎世是一个比较保守的城市。我们到一家露天餐厅吃饭，你知道吗？在十五分钟的时间里，我至少见到了十五个留长胡子的人。而且，如果你在纽约的任意一座写字楼周围转一圈，你就会发现几乎没有不留长胡子或长头发的人。同样，在伦敦，在多年以前，留长胡子就已经是伦敦街头的一景了。"

这段话听起来是不是很莫名其妙，不知所云？甲是想表达苏黎世保守，还是想说明苏黎世留胡子的人很多，抑或是想表达虽然苏黎世保守，但是留胡子的人也很多？

由此可见，当别人不知道哪个才是你真正想表达的意思时，就证明你的表达逻辑出现了问题。

那么，上面这段话正确的表达应该是怎样的呢？

甲可以这样说："上个星期，我去了一趟苏黎世。我在一家露天餐厅吃饭，没想到，在我吃饭的十五分钟里，我见到了至少十五个留长胡子的人。在这样保守的城市中，男人留长胡子或者长头发，已经变得这么普遍了。苏黎世是这样，纽约就更不用说了。你在纽约的任意一座写字楼周围走一圈，几乎看不到不留长胡子或长头发的人。而且在伦敦，在多年以前，留长胡子就已经是街头一景了。”

这样的表达是不是就会让人感觉信息清晰多了？按照一定的逻辑顺序进行表达，如原因——结果的顺序或者结论——举例的顺序等，就能让听者理解你想表达的含义。

表达，是一个输出观点的行为。我们进行表达的目的就是与他人进行有效的交流。不管你是想让自己的想法影响别人，还是想让别人了解你的观点或思想，你都要将其有效地表达出来。

大多数人在表达这件事上会感到很吃力的原因有三个：

第一，未能总结出能够表达想法的观点。

比如说，当你听说朋友离婚或者分手时，你会感到吃惊和难过，但是在朋友向你倾诉的时候，你不知道针对这件事，要发表什么样的看法，甚至不知道要说什么话来安慰他。或许刚开始你会觉得这是一种不理智的行为，但后来你也许会认为离婚或者分手对他来说是一件好事。当你对事情还没有全面的了解，或者缺乏足够的认知的时候，就很难生成有逻辑的观点。

第二，未能梳理即将表达的观点。

每个人遇到事情都会有不同的感受，基于这些感受，我们就能发表自己的观点。

然而，如果一件事情给我们留下的感受比较杂乱，而我们又不知道要以哪个感受为中心进行表达时，就会认为所有的信息都很重要，所有的细节都要说出来。最后，你难梳理出核心观感，导致别人无法理解你所表达的内容。

第三，未将想法或感受转化为语句。

语言是表达时最重要的工具。当我们产生某一种观感，想要把这种观感表达出来，就需要找到对应的语句，运用语言这个载体把抽象的观感转化为具体的描述。如果你的大脑没有储存足够多的载体，找不到恰当的语句或是缺少用于表达的语法规则，那即便你心里有再多的感受、想法，也很难通过载体清晰地把大脑中的思维传达给别人。

很多人不会说话或者语言没有逻辑，大多都是在这三方面出现了问题。

即使是很会说话的人，也有可能在某些时候陷入这种状态，只不过他们能够迅速做出反应，并进行相应的逻辑调整。

这种调整能力就是逻辑表达力。一旦一个人能把需要表明的观点以逻辑结构组织在一起，那他就可以避免毫无逻辑的语言表达，从而让他人清楚地了解自己的意思。

所以，表达能力的培养离不开逻辑思维能力的训练。并且，语言表达和思维逻辑相辅相成，无论你的逻辑思维能力多么厉害，在语言表达方面都需要刻意地锻炼。

众所周知，人类的左右脑不同的区域各有功能侧重，左脑决定人的逻辑思维，即理性思考的过程；右脑倾向于感性的思维，即艺术的一面。因此，人类的左脑倾向于逻辑思维，右脑则倾向于艺术思维。

看这组数字：1、3、？、7、9

“？”处应该是什么数字呢？答案是5。这个简单的答案就是大脑进行逻辑思考的结果。你知道了答案并清晰地给他人讲解出来的过程，就是逻辑表达能力的体现。你只有构建了语言逻辑框架，才能把思维过程清晰地表达出来。如果你觉得自己无法清晰地解释出得出答案的思考过程，那么你就需要提高你的逻辑表达能力了。

第二章

逻辑表达的基本规律

第一节
同一律的应用

思维逻辑的基本规律，是人们在正确的思维过程中必须遵守的最基本的共同准则，无论是引用概念、做出判断，还是推理活动都必须遵守。这些准则是从人们的逻辑思维中概括出来的，在实践中得到证明的，又对人们的思维活动起到制约和指导的作用。当我们思考和表达思想时，要正确地运用这些逻辑思维规律，并使之符合逻辑思维的形式。

从根本上说，逻辑的基本规律有三个：同一律、矛盾律、排中律。在逻辑思维的运用中，同一律是最为基本，也是最为常见的规律。

同一律是指在同一时间、同一关系中，对同一对象的思维保持同一。这里包含两层含义：第一，论证的每个思想必须在同一条件下，不能转换前置条件；第二，每一个论证的思想必须有确定的内容，并且不能偷换概念，也就是说，在同一律思维的过程中，每一个思想都要保持其自身的同一。

同一律用公式表示为："A 是 A" 或 "p → p"。其中，A 表示任一概念，p 表示任一判断。运用同一律不仅要明确概念，还要求判断结果同一。

有一对恋爱中的青年男女，男生对女生说："你老是要这个，要那个，不怕别人说你是'向钱看'的'高价姑娘'吗？"

女生回复他说："难道你没听过裴多菲的那句名言吗？'生命诚可贵，爱情价更高'，爱情不是价高吗？"

显然，这位女生的回复就是故意偷换概念。男生所说的"高价姑娘"中的"价"是指价格的意思，是在指责女生过分看重爱情中的物质条件；而裴多菲的诗中所说的"爱情价更高"是指美好纯粹的爱情比生命还要宝贵，这里所说的"价"是爱情的"价值"。因此，这里的两个"价"有着不同的含义，并且在词性的褒贬上也有所不同。然而，女生回答很明显是将两个"价"的含义混淆了，用一个替换了另一个，造成了严重的逻辑错误，违反了同一性的规律。

有逻辑学专家提出，同一律就是要保证在提及一个概念时，内涵和外延必须保持同一。那么，究竟什么是内涵和外延呢？其实这是指概念的两个部分，内涵是定义，外延是指符合此定义的东西。比如说，"人"这个概念的内涵是"有语言、思维，会制造工具的高等动物”，它表示概念所反映的事物的特有属性。而每一个概念又都有它的类，比如“人”这个概念适用于古今中外一切的人，包括“古代人”“现代人”“南方人”或“中国人”，但它不适用于猫、狗等动物。“古代人”“现代人”“南方人”“中国人”等，就是概念的外延。

违反同一律的常见逻辑错误有：在同一思维中，没有保持概念自身的同一性，经常出现混淆概念或偷换概念的错误。

古往今来，诡辩论在历史上屡见不鲜，与白马论一样，著名的“濠梁之辩”也可称得上是千古奇辩。

庄子和朋友惠施在濠水的一座桥梁上散步。

庄子看着水里的鲦鱼说：“鲦鱼在水里悠然自得，这是鱼的快乐啊。”

惠施说：“你不是鱼，怎么知道鱼的快乐呢？”

庄子说：“你不是我，怎么知道我不知道鱼的快乐呢？”

惠施说：“我不是你，本来就不知道你的快乐；你本来就不是鱼，你不知道鱼的快乐，也是完全可以断定的。”

庄子说：“请回到我们开头的话题。你说，我‘怎么知道鱼的快乐’，就是已经知道了我知道鱼的快乐而问我，我是在濠水河边上知道的。”

惠施是战国时期宋国人，名家学派的代表人物，他和庄子是至交好友，经常在一起进行辩论。《庄子》一书中就记载了他们之间的许多辩论，这段“濠梁之辩”就是其中之一。他们的辩论究竟谁是谁非，谁输谁赢，历来智者见智，仁者见仁。在辩论中，庄子主张“知鱼之乐”，而惠施则认为“你本来就不是鱼，你不知道鱼的快乐”。在论证方式上，惠施的论证是对客观知识的逻辑分析，他认为人和鱼是不同的，不存在相知的可能性，怎么能知道鱼的想法。而庄子则注重主观感受的审美体验，他把自己融于万物之中，认为自己自然能感知鱼的快乐。他驳斥惠施说的人和鱼不可以相知时，引出了“你”和“我”的不可以相知的论题，这就属于偷换话题，违反了在一个论辩过程中论题必须同一的同一律要求。因此，庄子的论辩在逻辑学上确有诡辩之嫌。

第二节
矛盾律的应用

曾经有这样一则啼笑皆非的笑话：

有一天，老李出门逛街碰到了一个不是很熟的朋友老张，老张问老李："你孙女多大了？"老李回答："快两岁了。"老张说："哎呀，宝宝好可爱。"随后又说了一句让人大跌眼镜的话，"你家宝宝是男孩子还是女孩子？"

这一令人哭笑不得的问答可以说是前后矛盾，前边已经问了"你孙女多大了"，后面又问"你家宝宝是男孩子还是女孩子"，这就是不符合矛盾律的。

矛盾律的基本内容是：在同一思维过程中，两个互相矛盾或反对的思想不能同时是真的，或者说，一个思想及其否定的内容不能同时是真的。也就是说，同一个思维中，互相否定的思想不可能都是真的，其中必有一个是假的。它从反面要求思想的首尾一致，不能对相互否定的思想同时加以肯定，否则就会犯自相矛盾的错误。矛盾律的要义是保持思想的一致性，用公式表示就是“A 不是非 A”。在该公式中的，“A”表示任一命题，而“非 A”表示与 A 具有矛盾关系或反对关系的命题。因此，A 和非 A 这两个命题不能同真，亦即其中必有一个命题是假的。

在我国战国时代的思想家韩非所著的《韩非子》一书中，有一则“楚人卖矛与盾”的故事。

这则故事是说战国时期有个楚国人在卖矛和盾，他先夸耀自己的盾很坚硬：“我的盾牌无论用什么东西都无法刺穿！”紧接着，他又拿起他的矛说，“我的矛很锐利，无论什么东西都能刺穿！”集市上有人质问他：“那如果用你的矛去刺你的盾，将会怎么样呢？”这个人闭口不言。于是，众人嘲笑着他散去了。

无法被刺穿的盾牌和能够刺穿任何盾牌的矛是不能同时存在的，这个人的话违背了矛盾律的规则。

事实上，当他说“我的盾牌无论用什么东西都无法刺穿”时，就已经断定了“任何东西都不能够刺穿我的盾”这个全称否定命题（断定某类对象中的每一个对象都不具有某种性质的命题）；但当他说“我的矛很锐利，无论什么东西都能被其刺穿”时，实际上又断定了“有的东西是能够刺穿我的盾的”这一特称肯定命题（断定某类对象中有对象具有某种性质的命题）。这样一来，由于他同时肯定了两个具有矛盾关系的命题，所以就陷入了自相矛盾的状态。这种在语言文字上产生的矛盾也必然会导致其思想上产生逻辑矛盾的现象。

通过以上的故事，我们可以推断出违反矛盾律要求的逻辑错误有：

（1）自相矛盾：同时肯定了互相矛盾的命题。

（2）悖论：这是一种特殊的逻辑矛盾，表面上同一命题或推理中隐含着两个对立的结论，而这两个结论都能够自圆其说。即通过 A 可以推出非 A；通过非 A，又可以推出 A。

因此，矛盾律告诉我们：一个人在同一判断中，对同一问题，是不能够得出截然相反的判断的。无论是物质的客观世界，还是思维的主观世界，都存在矛盾现象。矛盾是事物存在的普遍形式，不存在没有矛盾的事物。换句话说，矛盾是推动事物发展的动力。现实生活中，我们不仅要认识矛盾、分析矛盾、研究矛盾，同时还要学会解决矛盾，只有这样才能让事物得到可持续发展。

矛盾律对逻辑思维的要求有两个方面：一是不能用矛盾或反对的概念指代同一对象；二是判断要一致，不能即为真又为假。矛盾律的主要作用是保持思想的前后一贯性，这是正确思维逻辑的一个重要条件。

如果问："高兴的否定是什么？"学习了矛盾律就可以知道不是"悲伤"或者"沮丧"，而应该是"不高兴"。

下面，我们说说悖论。

悖论是指如果事件 A 发生，则可以推导出非 A，而非 A 的发生则可以推导出 A。

历史上最有名的悖论是"说谎者悖论"。

公元前 6 世纪，克利特哲学家埃庇米尼得斯说了一句很有名的话："所有克利特人都说谎。"这句话的意思是，如果这句话是真的，那么克利特人就全都是说谎者；埃庇米尼得斯也是克利特人之一，那么他所说的话也是假的，则不是所有克利特人都说谎。但这一结论就与前提互相矛盾。如果这句话是假的，那么所有克利特人都不说谎；而身为克利特人的埃庇米尼得斯所说的这句话是真话，则所有克利特人都说谎。无论他的话是真是假，都会推出一个与前提矛盾的结论。因此，它成了一个经典悖论，即"说谎者悖论"。

20 世纪，英国著名的哲学家、数学家、逻辑学家罗素提出了这样一个问题："某村子里有个理发师，他规定：在这个村他只给那些自己不刮胡子的人刮胡子。有一天，理发师在镜子里看见自己的胡子长长了，那么请问：这个理发师给不给自己刮胡子呢？”这就是历史上著名的“理发师悖论”，这里面包含了什么样的逻辑矛盾呢？

罗素的问题有两个结论：理发师要么给自己刮胡子，要么不给自己刮胡子。如果理发师给自己刮胡子，那么就与他的规定（只给那些自己不刮胡子的人刮胡子）相矛盾，他就不应该给自己刮胡子；如果理发师不给自己刮胡子，那么根据他的规定，他就应该给自己刮胡子。无论怎么选都是自相矛盾的境况。所以，如果要解决这一逻辑矛盾，理发师就需要修改自己的规定。

除此之外，一些常见的悖论还有：“凡规则必有例外，包括这句话。”和“我最大的缺点，就是没有缺点。”……

在我们的生活中，还有很多类似的案例。比如说，在一场关于大学生恋爱问题的辩论赛上，一方的观点认为对大学生恋爱应该加以适当的引导；另一方的观点则认为，大学生已经有了自己独立的思想，对于他们的恋爱不需要特殊的引导，顺其自然就好。在总结时，如果主持人对于这两种观点都予以同意，那就违反了矛盾律的原则，犯了自相矛盾的逻辑错误。

还有，中学生写作文时经常会写“繁星闪烁，明月高悬”，然而“繁星”和“明月”是不能同时出现的。明月时，我们是不会看到满天繁星的，只会看到少数较明亮的星星；而如果我们看到繁星满天的夜空，那么明月就不会出现。不注意观察事物就会造成这样问题，违反矛盾律，这种矛盾进而反映了写作人思想的混乱。

由此可见，矛盾律的实质就是排除逻辑思维中和语言表达上自相矛盾的问题。它告诉我们，无论是应用概念进行分析还是做出判断，都要前后一致，首尾一贯。这对于我们正确进行思维表达具有极其重要的意义。

第三节

排中律的应用

在逻辑思维的基本规律中，除了同一律和矛盾律，还有一个重要的规律就是排中律。

排中律是指在同一思维过程中，两个互相矛盾的思想不能够都是假的，其中必有一个是真的，用公式表示是："A 或者非 A"。排中律的主旨是保持思想的明确性。它对逻辑思维形式的要求有两个方面：一个是概念要清晰；另一个是判断要明确。它进一步要求不允许对相互否定的思想同时加以否定，否则将犯模棱两可的错误。

什么是模棱两可的错误呢？例如，明代王世贞所编撰的《调谑编》中记载：

> （苏东）坡公在维扬，一日设客，十余人皆名士。米元章（米芾）亦在座，酒半，元章急起自赞曰："世人皆以芾为颠，愿质之子瞻（苏轼）。"公笑曰："吾从众。"

这段话中苏东坡的回答"吾从众"实际上就是一种模棱

两可的回答，这种回答回避了明确的“是”与“不是”。“吾从众”是出自《论语》的一句话——子曰：“麻冕，礼也；今也纯，俭，吾从众……”——它的意思是“我服从大多数”，对某种观点既没有否定，也没有肯定，含糊不清，表意不明。模棱两可是一种常见的违反排中律要求的逻辑错误。所谓模棱两可，就是在两个互相矛盾的命题之间，回避做出明确的选择，既不肯定，也不否定。

排中律在实际应用中的主要作用在于确保思想的明确性，而逻辑思维的明确性也是正确思维的一个必要条件。对于两个互相矛盾的命题，如果有人既不承认一个是真的，又不承认另一个是真的；或者说，有人既认为一个是假的，又认为另一个也是假的，那么这个人的逻辑就会陷入含糊不清的境地。

英国杰出的剧作家莎士比亚的名作《威尼斯商人》中有这样一个情节：

贝尔蒙特城里美丽善良、品貌出众的富家少女鲍西娅吸引了很多王孙公子前来向她求亲，但是鲍西娅并不能自己决定嫁给谁，因为她的亡父在遗嘱中规定她的婚姻要“猜匣为婚”，否则就要取消她对遗产的继承权。鲍西娅家有三只匣子：金匣子、银匣子和铅匣子。这三只匣子中只有一个放置了一张鲍西娅的肖像，她的父亲规定只有猜到鲍西娅的肖像在哪个匣子中的人才能够迎娶鲍西娅。

这三个匣子上分别刻了一句话：金匣子上刻的话是“肖像不在此匣中”；银匣子上刻的话是“肖像在金匣中”；而铅匣子上刻的话是“肖像不在此匣中”。并且在三个匣子旁边写着：“这三句话中只有一句是真话。”

许多慕名前来求亲的男士，看到这样的要求都败兴而归，另外一些尝试猜测肖像在哪个匣子里的青年也都一个一个地猜错而回。几天之后，有一位叫巴萨尼奥的年轻人来到了威尼斯，他深深地被鲍西娅的美丽和品行所吸引，希望能够娶她为妻。

在看到鲍西娅的父亲留下的规定和三个匣子上面的话之后，巴萨尼奥进行了一番思考与推理，他充满自信地对鲍西娅说：“您的肖像在铅匣子中。”听了他的推断，鲍西娅微笑着点了点头。

巴萨尼奥打开了铅匣子一看，鲍西娅的肖像果然在里面。鲍西娅充满好奇地询问巴萨尼奥：“请问您是怎么猜中的？”巴萨尼奥微微一笑说：“金匣子上面的话与银匣子上面的话是互相矛盾的，不可能都是假的，其中肯定有一句真的；而旁边的纸上告诉我，‘这三句话中只有一句真话’，既然金匣子和银匣子上的这两句话中一定有一句是真话，那么铅匣子上刻的话只能是一句假话。而铅匣子上刻的话是‘肖像不在此匣中’，所以可以得出肖像一定在这个匣中。”

很显然，巴萨尼奥的猜测过程实际上就是运用了排中律的规律，金匣子和银匣子上的两句互相矛盾的话中必有一真，这是根据排中律得出的；而既然铅匣子上刻的话“肖像不在此匣中”是假话，那么就必然能够得出与此矛盾的“肖像在铅匣子中”是真话。由此可见，排中律在逻辑思维的应用中具有至关重要的作用。

排中律的核心思想是，两个自相矛盾的观点，一定有一个是对的，没有都不对这种中间状态。对于某个事情，你可以不表态，但是你表态了，就不能说：两个都不同意，或者两个都同意。

排中律要求我们在是非和对错面前，对问题做出明确的回答。遵守排中律的要求，就是为了消除人们对事物判断的含糊其词。《孟子·梁惠王下》中记载过这样一则故事：

孟子谓齐宣王曰：“王之臣，有托其妻子于其友而之楚游者。比其反也，则冻馁其妻子，则如之何？”王曰：“弃之。”曰：“士师不能治士，则如之何？”王曰：“已之。”曰：“四境之内不治，则如之何？”王顾左右而言他。

在这则故事中，孟子采用了类比式推理的方法，先询问齐宣王两个看似毫无关联的问题：如何看待大臣失责的朋友？如何看待一位失职的长官？等齐宣王做出明确的回答之后，步步紧逼说出此次辩论的主旨：全国之内，政事败乱，人民不能安居乐业，这又该怎么办？然而，到此处，齐宣王如果承认了前面的论断，就必然要同意“废黜国君”的做法。孟子用由小到大、由远及近的类比辩论法，让齐宣王在不知不觉间对他的论断加以肯定，但是他又不敢直接承认，于是只好“顾左右而言他”地岔开话题。

齐宣王这里的“顾左右而言他”其实就是在含糊其词，不对孟子的问题做出明确的判断，以此来掩饰自己的窘迫情境。很明显，它违反了排中律的逻辑要求：在是非面前，对问题要做出明确的回答。因此，它也是诡辩的一种表现。

那么，了解排中律有什么意义呢？它最大的价值，就是识别并且揭穿那些立场不明确、两面讨好的人。我们也能够通过排中律来提高自己的思辨能力和沟通效率。

在论证方法中，有一个很常见的方法叫“反证法”。它是通过断定与论题相矛盾的判断（即反论题）的虚假来确立论题真实性的论证方法。可以说，反证法就是排中律的一个实际应用。如果你无法判断两个论题中哪一个是对的，可以先确定其中的一个是错误的，这样就可以确定另外一个是对的。

在运用排中律的时候，我们要明确的是，排中律只是一种思维规律，对正确的逻辑表达的规范作用也具有条件限制。

第一，当问题只有两种可能，即非此即彼，两者不可能同时为假时才能起作用。

第二，排中律并不要求人们必须对所有存在矛盾的问题都做出明确表态。当我们对某些问题不了解，或者对某件事情没有进行深入调查时，可以暂时不予表态，这样反而是负责任的做法。

第三，排中律并不否认客观事物在发展过程中有中间的过渡状态，同其他思维规律一样，排中律不适用于所有领域，一般只在思维领域中起作用。

排中律作为“逻辑思维三大基本规律之一”，要求人们做到旗帜鲜明，赞成什么，反对什么，要明确表态，不能左右逢源，闪烁其词。在进行逻辑表达的过程中，我们要牢牢遵守排中律的要求，同时应注意排中律的适用范围，让排中律在生活中发挥更好的作用。

第四节
结构化思维与抽象化思维

1. 结构化思维

结构化思维是指一个人在面对生活中的问题或者工作上的任务时能够从多个角度进行思考，理性地分析出现的问题或困难的原因，然后系统地制定出有效的解决方案，并采取适当的方法使问题得到高效的处理和解决。

在工作、学习和生活中，我们处处都能用到结构化思维。

逻辑思维决定做事方法、思维层面的不同将导致事件结果的不同。如果你学会了利用结构化思维处理问题，那么必将更加游刃有余。这将对你的学习成绩或者职场晋升起到重要作用，并对你未来的人生道路产生巨大的帮助。

结构化思维主要有三个步骤：分析目标、分析资源、制订计划。

拿装修来说，这个过程就是一个非常普通且常见的结构化思维的应用。装修房屋，首先我们要做的准备工作就是分析和确定目标，根据房屋的特点和自己的需求设计装修方案；然后要根据装修方案，做确实有效的资源分析，如工程的人员配备、预算资金、预期完工的时间、过程中可能出现的问题等；最后根据前面的准备制订最终的计划，包括具体的材料选择、采买，开始的时间和验收时间等。

从这一案例来看，可以说结构化思维是一项非常重要的逻辑思维技能，掌握了这一技能，将使你在处理问题时达到事半功倍的效果，并且增加职场竞争优势。

很多人在工作中经常会困惑为什么自己对老板交代的任务完成得不够好。明明加班加点地在工作，可总是得不到老板的认可和赏识，而别的同事总能做到老板满意的程度。出现这种问题，很可能是因为你在工作中缺乏结构化思维。

运用结构化思维，能让我们在风云变幻的职场中制作出周密又有条理的项目计划，获得老板和客户的青睐；能够让我们条理清晰、有重点地快速完成工作内容，牢牢地把握住企业的发展动向；能够有条不紊地处理各种复杂问题，有效地安排好学习与工作的时间，快速掌握新技能和工作中所需要的知识，从而获得更多的发展机会。

要想应用好结构化思维，很重要的一点是：我们要学会从整体到局部的思考方式，建立一种层级分明的思考模式，而不要把每一个想法或线索零散地散布在头脑中。所谓的层级分明，简单来说就是借用一些简单的思维框架来辅助我们进行思考，将碎片化的信息进行系统化的整合和处理，从而扩大思维的层次，让我们能够进行更加全面的思考。杂乱无章的想法是零散混乱、没有结构的思维集合，而结构化思维则是有层次、有条理、脉络清晰的思考路径。两者的区别在下图中有明确的演示。

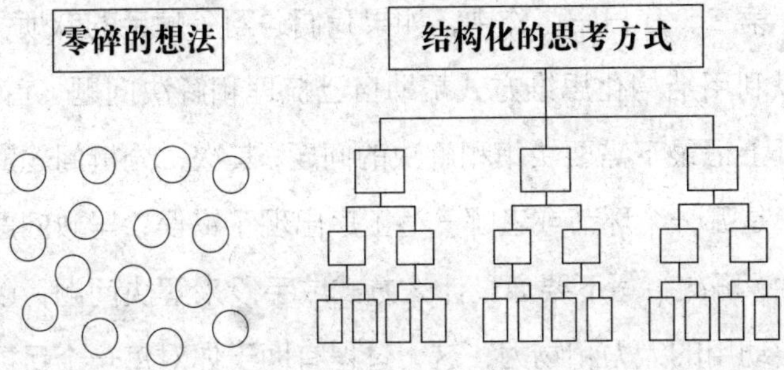

那么，如何才能培养自己的结构化思维模式呢？我们要知道，结构化思维首先是一种思维方式，其次才是一种逻辑思维的管理方法，只有不断进行有意识的思维锻炼，我们才能真正地掌握这种思维习惯。

第一，勤于写作。正所谓“好记性不如烂笔头”。脑子里出现的想法和问题可能过一会儿就会被遗忘，这时记录就是最好的记忆方法。但是，我们在记录时不能太过于随意，要有意识地采用结构化方式记录。比如，在阅读完一篇文章后，我们要思考其中心思想或者中心论点是什么，这就是确立目标的过程；然后，我们再来看看这个中心思想是如何表述出来的，即每个段落的大意是什么，这时我们就可以记录提纲；最后，我们可以根据提纲的说明再来看看作者的语言表述方法。这就是一个简单的思维计划书。

第二，在日常工作中，如果我们遇到了棘手的麻烦，也可以利用结构化思维方式帮助自己梳理和解决问题。首先，在纸上记录下需要决策和解决的问题；其次，分析问题的成因，是哪一个环节或者哪一道工序出现了错误，导致问题的产生；再次，写下要通过什么方式或手段来解决问题，以及需要动用的人力和物力，这一过程有助于你对每一个目标考虑周全，防止在实施过程中瞻前顾后；最后，制订出一个详细的解决计划，形成一个可执行方案。可执行方案的标准是：该方案中的资源是我们能够支配的，有明确的时间规定，各个环节都具有可检查的指标，有明确的最终目标。

在学习结构化思维的过程中，我们可以克服自身的障碍，提高思想价值，长此以往，逻辑思维能力必将得到大幅度的提升。无论是学习还是工作，你越擅长简化信息，你的思路就会越开阔，想法就越可能富有创造性。无论是做习题、做方案、做汇报、做PPT，还是写邮件、做演讲、打电话、与人谈判，我们都要尽可能地确保自己思路清晰，确保每一个词、每一句话、每一张图表都不是多余的，这样才能吸引对方。

2. 抽象化思维

“抽象”一词是指从具体事物抽出、概括出它们共同的特点、本质属性与关系等，而将个别的、非本质的特点、属性与关系舍弃的思维过程。抽象化是指人们对事物表象因素的舍弃和对本质因素的抽取过程。众所周知，思想或者概念都是看不到、摸不着的，是无形的，所以是抽象的。抽象化可以帮助我们在认识事物上抽丝剥茧，化繁为简，抓住主要矛盾，舍弃次要因素，透过现象看本质，认识到事物的深层次规律。

由此可见，抽象化思维则是指用词进行判断、推理并得出结论的过程。抽象化思维以词为中介来反映现实。这是思维最本质的特征，也是人的逻辑思维与动物本能的根本区别。

一件事物本身可能是具体的、直观的，但是当我们向别人介绍它的时候，在用语言或者文字进行描述或者表达的时候，就已经是一个抽象化的过程了。对方需要把你所传递的信息与他的过往经验中的具体事物联系起来，形成一个具体的印象，这样他才能够听懂你所描述的内容。这就是我们在沟通上从具体到抽象，由抽象再到具体的过程。

从具体特例到共同规律的逻辑思考过程，是对多种具体事物概念的提炼，这就是所谓的抽象思维能力。举例来说，当我们看到了一个橘子，可以通过橘子想到这是一种水果，可能会很酸，也可能会很甜；进而联想到其他酸酸甜甜的水果，如橙子、李子；然后还会从水果再联想到其他食品，如蔬菜、肉类、谷类、奶类等。这就是利用抽象化思维举一反三的过程，能够从一个问题切入把所知晓的知识进行梳理和总结，达到将之前学习到的知识融会贯通的效果。

提升我们的抽象化思维模式是一个漫长的过程，我们需要对所了解的知识进行深层次的加工，也就是将知识内化，然后才能实现这种概括、抽象化和提炼的能力。那么，如何挖掘并培养抽象思维能力呢？可以尝试以下三个比较简单的方法：

（1）观察

面对同一种事物，每个人看到和感受到的内容都是不同的。小说家看到的也许是故事，艺术家看到的也许是美的表现，而抽象思维强的人，看到的则是事物的本质。想要达到这种境界，我们要增加自己的知识储备，从而透过种种现象观察到问题的本质。在互联网年代，获取知识和积累知识的方法多种多样，要善加利用。我们不仅要多学习书本上的知识，还要多到生活中接触不同的人，进行社会实践。多读书可以看到作者眼中的世界、学习他人的思维方式，从而拓宽自己的视野；而社会实践则可以通过双向的沟通，辩证地吸收他人的观点，丰富自己的阅历。久而久之，见识的多了，知道的自然就会比别人多，思考的也会比别人深。

（2）总结提炼

对于抽象化思维的训练，我们不能止步于观察，还必须学会提炼出言简意赅的抽象规律。那么，如何才能提炼出抽象规律呢？为什么有的人同样的事情做了一辈子，也没有成为专家，只会机械地干活儿呢？这是因为他们欠缺了总结、提炼的抽象思维能力，也不会从更高的层面思考工作上的创新。

完成工作是最基本的要求，但从工作中学会了什么，得到了什么提升才是最重要的。在这个过程中，我们不仅要会做，还要知道为什么要这样做、还可以怎样做。而这些做事的方法可以提炼成模板和框架，进一步指导我们在遇到类似问题时如何操作。

随着社会的不断发展，抽象思维的应用、总揽全局的能力，以及更深入地理解用户需求等方面的能力将越来越重要。但不幸的是，目前社会上很多人并不具备这样的能力，他们不擅长处理抽象的事物，也不擅长通过推理与思辨解决遇到的问题。

因此，培养总结提炼的能力是必要的。刚开始时或许会感到无从下手，或者提炼出来的东西流于表面，不能深入。但这没有关系，多向其他人学习，分析自己和别人提炼的内容相比差在哪里：是问题界定的不清晰，是概念理解得不透彻，还是思维太闭塞？有了这些思考，我们的总结能力就会得到不断的提升，在这些积累下，你的个人能力也随之不断增强！

3. 实际应用

抽象思维的神奇之处在于你可以把提炼出的定律运用在不同的场景中，它不仅能改善你杂乱无章的生活，还能在职场中助你一臂之力。

让我们来看下面的案例：

小冰在一家互联网公司担任策划工作，去年她参加了一个平台系统软件开发的竞标活动。在竞标过程中，小冰所在的公司，报价高出竞争对手 15%，在价格上毫无优势可言，眼看着竞标即将进入尾声，如果还不采取相应的策略，竞标就会失败，公司也将失去一项重要业务。在关键时刻，小冰决定试试换位思考的抽象思维方式。她发现客户在选择上不仅考虑价格优势，更看重软件的实用性和后期的维护。于是，小冰转换思路，她不再尝试与其他竞争对手展开价格战，而是对客户强调本公司严谨的开发流程和完善的品质保障，确保系统在客流量激增的情况下保持良好的可靠性。果不其然，她的说明得到了客户的认可，公司顺利中标。

通过这个案例，你应该已经了解到了抽象思维的强大之处在于它能发现规律，并根据提出解决问题的方法。简单来说，抽象思维就像一棵树的树干，思维的发散性就像树干上长出的无数的枝叶。这种发散性可以让我们在处理各种问题时举一反三。

古语有云，“大音希声，大象无形”。抽象思维的惊人之处是它能从普通的事物中寻找规律，提炼规律，并用其解决不同领域的问题。在这个复杂的世界中化繁为简，以不变应万变，是我们从技能提升到技术，从重复转向创造，从体力劳动延伸到脑力劳动的跨越式途径。

第三章 —— 逻辑表达能力的培养

第一节
善于观察，从微小处发现问题

逻辑思维表达中很重要的一点是要学会发现问题。小学时老师就经常强调，遇到不懂的问题要积极地举手提问。学生时代，我们遇到问题基本都可以向老师或者教材求助解决。当我们进入社会，工作和生活中的问题就需要我们自己去发现和处理了。

因此，发现问题是一种十分重要的能力，它对我们的身心发展起到了重要的作用。如果你不能及时地发现问题，那么你在工作或者人生的发展中很可能会遇到极大的麻烦，并且受到很大的困扰。只有发现问题的所在，才能主动地克服自己生活和工作中遇到的困境，掌握自己的人生。

在现实生活中，不是所有的人都能够意识到发现问题的重要性，很多人即使意识到了发现问题的重要，也依然不知道要如何找出自己的问题。下面，就教大家几个能够让我们有意识地去主动发现问题的有效方法。

第一，通过阅读培养自己发现问题的能力。

在信息高速发展的现代社会，我们的很多知识都可以从书本和网络中获得。正所谓站在巨人的肩膀上可以看得更高更远，我们应该善用科技发展带来的便利条件。在闲暇时刻，我们不妨多读一些书，多看一些新闻实事，切记不要读过就忘，要从中发现问题，学习思考，做出判断。

第二，开动脑筋，脑洞大并不是什么坏事。

如果人类没有翱翔太空的梦想，也许就没有宇宙飞船和运载火箭的问世；如果人类不曾对神秘的水下世界感到好奇，也许就没有潜水艇的发明……正因为有了这些思考，人类才能改变世界的进程和发展。而发明者和科学家们如果不曾发现当下社会生活中的问题，就不会有所思考，也就不会做出改变世界的创新发明。发现问题是创新的一把钥匙，只有合理运用才能打开创新这扇门。

第三，善于观察身边的事物，尤其要注意细小的事物。

细小的事物，往往蕴含着大智慧。因此，我们要着重培养自己善于观察细小事物的能力，从而提高发现问题的能力。苹果是常见的事物，但只有牛顿被苹果的掉落启发从而发现了万有引力；水壶是家家户户都有的器具，但只有瓦特注意到了蒸汽的作用，改良了蒸汽机；风筝很多人都会玩，但只有富兰克林在风筝的启发下研究出了避雷针……

每一件事物或许都隐藏着不为人知的秘密，善于观察，勤于思考，你就有可能在小事物中发现大问题。

第四，参与实践，有助于积累经验。

众所周知，实践是检验真理的唯一标准。没有实践的验证，再多的理论和想法都只是空想和空谈，很容易犯形而上学的错误。早在明朝，著名思想家、哲学家王阳明就在他所著的《传习录》中写道："知之真切笃实处。既是行，行之明觉精察处。即是知，知行工夫，本不可离。只为后世学者分作两截用功，先却知、行本体，故有合一并进之说，真知即所以为行，不行不足谓之知。"这告诉了世人要确立"知行合一"的思想，王阳明认为：我们在学习和生活中，不仅要认识（即所谓的"知"），还应当实践（即所谓的"行"），只有把"知"和"行"统一起来，才能称得上"善"。因此，我们不仅要吸收书本的东西，掌握间接的知识，还应该从实际出发，从实践中发现问题。因为真正的"活水"来自实践，所以我们应该养成观察实践、观察世界的兴趣和习惯。

第五，多与同行业内的人交流，总结自己的不足之处，发现自身存在的问题。

《论语·述而》有云："三人行，必有我师焉。择其善者而从之，其不善者而改之。"这句话是在告诉我们：别人的言行举止，必定有值得学习的地方，看到别人优秀的地方要学习，看到别人的问题，要反省自身有没有同样的缺点，如果有，则要加以改正。多交流不仅是指个人与个人之间的交流和学习，团队之间的交流也十分重要。详细介绍各自的工作情况，多站在其他人的角度看问题，有助于自身能力的提升。我们在工作中，要积极地和专业水平素质高的团队合作，这样比较容易发现自己的不足，学习别人的经验也是提高自己能力的一个捷径。

第六，保持好奇心，但切忌道听途说。

心理学认为，好奇心是动物对某事物全部或部分属性认知空白时，本能地想添加该事物属性的内在心理。好奇心是个体学习的内在动机之一，也是个体寻求知识的动力，创造性人才的重要特征。

研究表明，保持对事物的好奇心，有利于提高发现问题的能力。对事物感到好奇的人，往往会比一般人有更多的精力去研究、探索未知的领域，进而取得一定的成果。保持一定的好奇心，也是一种提高发现问题能力的方法。当我们在好奇的同时，切记不要道听途说、捕风捉影，因为空穴来风的信息来源往往缺少事实依据，容易造成不必要的矛盾。

第七，转换思维角度，更有助于发现问题。

看待事物时我们要从多方面、多维度来思考，这也是一种发现问题的途径。很多时候，如果在一条思路上冥思苦想也没有发现问题，那么不妨另辟蹊径。有时，当我们转换了角度之后，视野会更加开阔，问题也会有所改变。经常从不同思维角度思考问题，也会慢慢提高发现问题的能力。

第二节
推动思维发展，提问是关键

著名教育理论家苏霍姆林斯基曾经说过：“孩子提出的问题越多，那么他在童年早期认识的周围的东西也就越多，在学校中也就越聪明，记忆力越敏锐。要培养自己孩子的智力，就要教他如何思考。”

研究表明，人类的大脑是中枢神经中最大、最复杂的结构，也是意识、精神、语言、学习、记忆和智能等高级神经活动的物质基础。大脑越是长期使用运转，人就会越灵活、越聪明。如果长期不进行思考，头脑就会越来越僵化。

哈佛大学有句名言：“教育的真正目的就是让人不断地提出问题、思考问题。”所以，发现问题并善于提出问题的人就可以有效地避免自己的思维僵化，远离被社会和工作淘汰的命运。

有人说，越是厉害的人，就越会提问题。可以说，一个好的提问，能给人一种正向的思考，令对方有一种醍醐灌顶的感觉。同时，还能让人从过往的思维局限性中跳脱出来，启发人们从另一个角度看待问题，如此得出的答案自然也会不一样。

那么，如何才能做到提出优质问题，言简意赅地让他人明白我们的疑问呢？管理学上有一个著名的“5W2H 分析法”，也就是“七问分析法”。这一方法简单直白、方便快捷、易于理解，并且被广泛应用于多个领域。

5W 分别为：Why（为什么，为什么要这么做，理由何在，原因是什么）；What（是什么，目的是什么，做什么）；Where（何处，在哪里做，从哪里入手）；When（何时，什么时间完成，什么时机最适宜）；Who（谁，由谁来承担，谁来完成，谁负责）。

2H 分别为：How（怎么做，如何提高效率，如何实施，方法怎样）；How much（多少，做到什么程度，数量如何，质量水平如何，费用产出如何）。

《批判性思维工具》一书中曾写道：“一个不善于提问的人，不会成为优秀的批判性思维者，答案不能推动思维的发展，真正能推动思维发展的是问题。”

学会提问实际上就等于学会了一种优秀的逻辑思维方式，提问的过程，本身就是逻辑思维表达的过程。现代管理学之父德鲁克说过：“如果你不改变问问题的方式，就永远都不会成功。”

有这样一则小故事：

有一天，埃德蒙遇到了一个极为难缠的客户，他很想说服这位客户，为公司签订这份谈判已久的合同，但是在最为关键的洽谈中，他在客户无休止的要求和命令下失去了耐心。于是，埃德蒙找到了他的朋友同时也是人际交往大师的威廉斯先生寻求帮助。

埃德蒙给威廉斯先生打了一通电话。电话中，埃德蒙描述自己的惨状时说："我有一位潜在的客户，我正在和他谈一个很大的项目，这个项目非常重要，可以为公司未来几年带来非常多的收益，但他非常难缠……"

埃德蒙说了十几分钟，交代了客户的背景、谈判的进程以及项目的预期等，在他看来，自己所描述的这一切都是非常重要并且有必要的。但是谁知他还没讲完，威廉斯先生就打断了他，问道："你的问题究竟是什么？"

埃德蒙本就有点烦躁，这下更加气闷起来，赌气似的说："我不是正在和你讲嘛，还有很多详细的信息没说！"于是，他又讲了好几分钟，直到威廉斯先生再次打断他："你已经说了二十多分钟，但是还没有说你要问我的问题……"

埃德蒙愣了一下，觉得非常尴尬，他想了好一会儿才开口："我想问的是如何与一个喜欢掌控别人、试图事事都要凌驾于我的客户打交道？"

这时，威廉斯先生才说："这才是对你有帮助的核心问题。”

说话是语言的艺术，提问更是这门艺术中最关键的一点，好的提问能够在尴尬的境地中打破僵局，给对方留下一个好印象。物理学家爱因斯坦说过：“提出一个问题往往比解决一个问题更重要，因为解决一个问题也许仅是数学上的实验技能而已。而提出问题，从新的角度去看旧的问题，则需要有创造性的想象力，这才标志着科学的进步”。

提问的方式有很多，我们可以总结归纳为如下几种：

1. 开放式提问

当你想要了解他人想法，或者想要快速地知道对方对某个问题的看法时，就可以采用开放式提问法。

一般来讲，开放式的提问没有固定的标准答案，回答者可以根据自己的状况随意回答。这种提问方式通常在人物专访等电视节目中被采用，嘉宾在回答时可以给观众留下一个初步的印象。在《看见》等节目中，主持人在开场时大多数会采取这样的开放式提问：“第一次来北京感觉如何，对北京的印象是什么？”“你们当初是如何开始创业的？”“在创业初期遇到资金问题时，你是如何解决的？”

2. 封闭式提问

封闭式提问是一种使提问者可以明确得到某些问题答案的提问方式，是指提问者提出的问题带有预设的答案，回答者不需要展开回答，只需要在提问者给出的选择范围中回答即可。一般这种封闭式提问只在明确问题时使用，用来澄清事实，获取重点，缩小讨论范围。比如说，你即将大学毕业，想了解同学们都有什么就业去向，就可以向同学提问："大学毕业后，你准备去北京、上海还是深圳发展呢？""明天要面试了，你觉得我穿这件白色西装好，还是这件蓝色裙子好？"当你已经有了几个选择，但是不确定选择哪个更好时，就可以采取封闭式提问的方式。

3. 追问式提问

所谓追问式提问，就是在遇到复杂情况或者在混乱的时刻，通过对问题多方面、多角度的提问和回答来打开思路，进而得到想要的回答。运用追问式提问，一是选准设问的点，二是要灵活变通地回答。这样才能层层递进，找到问题的核心和根源，进而解决问题。

举例来说，某公司在年底总结时发现销售业绩大幅度下滑，老板的第一反应是销售人员的工作能力存在问题，但是销售总监表示，目前在职的销售人员都是经验丰富的员工，以前也都创下过销售纪录，能力上应该不存在很大问题。于是，老板采用追问式提问向销售总监问了几个问题。

（1）老板：“今年新客户的增长比例是多少，比去年多了多少人？”

销售总监：“今年新客户在总客户中占比为 40%，比去年多了大约两万名客户。”

（2）老板：“为什么需要增加新客户的开发呢？”

销售总监：“因为按照今年的数据统计，现有的客户不足以支撑公司的增长目标。”

（3）老板：“为什么客户的总体数据比去年有所减少呢？”

销售总监：“我们会有 20% 的客户流失。”

（4）老板：“为什么客户会流失？”

销售总监：“有客户提出来公司最近的产品质量和物流速度不如以前，因此导致一部分老客户流失。”

老板通过追问终于找到了公司销售业绩下滑的主要原因。因此，通过追问式的提问方式，可以把一个看似复杂的难题变成简单的问题，快速而精准地找到问题的根源，让你更加有针对性地解决问题。

第三节

独立分析，让表达更严谨

在发现问题、提出问题之后，逻辑思维表达很重要的一点是要培养自己独立分析的能力。培养分析事物的能力，有助于提高发现问题的能力。我们在发现问题后，不要先想着向别人寻求帮助，而是要勤于思考，自己找到解决问题的方法。

分析问题的目的就是揭示事物运动的机理，即根本性、本质性的规律。说话做事缺少逻辑的人，注意力和思维往往会非常狭窄。在发生一个事情或者发现一个问题的时候，不会独自分析，很容易一头雾水，剪不断，理还乱。造成事情发生的原因有很多，其影响的因素也有很多。如果没有合理的逻辑分析能力，就找不到影响事物的主要因素及各因素之间的关系。

在这里，需要指出的是，造成事件发生的原因有三种——根本原因、直接原因和间接原因。

比如，在逻辑链条关系“A→B→甲”中，甲为事件的结果，B是导致甲发生的直接原因。但A是事件发生的根本原因，也许 A 并不能直接导致甲事件的发生，但它是长期存在的因素，在时间的积累下，最终导致了甲的发生。这就是逻辑链条关系的起点。

然后，再来说说间接原因，我们假设它为 C。表面上看，C 可能不会导致甲的发生，甚至没有严谨的推导逻辑。但是，如果目前甲已经发生了，人们在分析事件发生原因的时候发现，原来 C 对甲也有一定的影响，那么 C 就可以被认为是导致甲发生的间接原因。

以上的逻辑思维基础对我们分析事件会产生积极的作用。自己要注重培养分析事物的能力，随着网络的发展，遇到不确定的事情自己应该先去网上搜索一下，自己了解一些资讯会比询问别人更加印象深刻。对于没有可靠来源的信息应该先放一下，切忌道听途说，以讹传讹，否则很可能问题还没有得到解决，却引来不必要的麻烦。

分析问题的能力如此重要，那么我们该怎样提高自己分析解决问题的能力呢？

首先，要追求多角度思维，对于任何一个问题，都不要满足于一个单一的解释。

每个人都有自己固有的思维方式，这种思维方式在工作中的应用直接影响到分析解决问题的效果。学习合理的思维方式可以提高分析问题的能力，不要拘泥于以往的思维习惯，要有创造性思维，从多角度进行思考，这样你才会比别人看得更清楚。

创造性思维是以推理、记忆、思考、联想、理解等能力为基础，从不同角度、不同层次、不同结构去思考，寻找答案的一项思维活动。比如，当我们谈论到心理学这个学科时，不同的人会有不同的联想，有的人可能会想到人类行为的认知，有的人可能会想到变态心理的形成，还有的人可能会想到应用心理学解决人际关系的困扰。所以，对于任何一个单一的问题，我们都会找到很多不同的理解角度。如果你能养成创造性思维的习惯，那么对于事物的观察分析就可以运用至少两个或两个以上的角度进行分析，并且能够区分不同角度之间的优势与劣势。这将为你更好地认识事物的多面性和世界多样化的本质创造良好的条件，同时也能够避免自己因为单一的思维逻辑带来的偏颇和局限。

其次，拓宽自己的关注面。

你需要学会拓宽自己看待问题的广度，在时间和逻辑的维度上都能够广泛地专注前后所有的内容，而不是只关注此时此刻所听到或者看到的内容。当我们听一段话或者阅读一篇文章时，经常会把注意力集中在某一个词语或者某一句话上面，如果是回应别人的问题，往往也只是找一个细节来回答，这样很容易忽略其他有用的信息，以偏概全。

当你的同事向你抱怨单位的其他同事时，你听到的主要都是他对于其他同事的描述，如某位同事不团结他人，在工作上要心机、敷衍了事，在生活上很抠门，等等。如果此时，你只听一面之词就对这位同事产生了不好的印象，那么就只能说明你缺少独立思考的能力。在你还不了解一个人的时候，不应该让别人的判断影响自己，而是应该在时间的维度上增加与这位同事相处的时光，看看他是否有对工作不认真负责或者抠门的问题；同时，你要思考他的行为是否存在隐情。这就是逻辑维度上的拓宽。

第三，少说多听，有逻辑的人不一定时时刻刻都快速表达自己的意见。

说话有逻辑和反应速度之间没有必然联系，所以如果你是一个反应速度不太快的人，也不要因此就觉得自己没办法有逻辑地进行表达。如果你认为自己是一个反应和逻辑思维都出色的人，为了避免自己在公开场合表达有误，与人交往的时候就可以多听对方的观点和表达，培养自己边听边思考的能力。等到对方的观点表述完整时，你再进行回应，这时你对自己的回应也会显得胸有成竹一些。

另外，善于聆听别人的发言，也能够让你有更多的机会去观察和学习他人讲话的逻辑，而且我们不仅要学会倾听，必要时还可以尝试着模仿。美国社会心理学家认为社会角色和行为的掌握是通过模仿他人的角色言行而获得的，因而模仿在人们的个体社会化中起着重要作用。一边听别人的表达，一边在心里默默列出或者在纸上记录下对方表达的主要意思，甚至可以尝试用默诵的方式把听到的内容总结陈述出来，这都有助于我们养成独立思考的能力。

第四，认真做好每一件事，积极面对问题，主动承担责任。

知道如何做好一件事，并且认真地去做，比对很多事情都懂一点皮毛要强得多。一位美国总统在得克萨斯州的学校演讲中说："比其他事情更重要的是，你们需要知道怎样将一件事情做好；与其他有能力做这件事的人相比，如果你能做得更好，就永远不会失业。"把每一个技能学到极致，把每一件事情完成到最好，哪怕是极其微小的事情，都有助于你提高分析问题的能力。

当然，提高分析解决问题能力的方法还有很多，我们可以在实践中继续摸索，重要的是我们要有分析、解决问题的意识，只有多动脑多思考才能把事情办好。

不要害怕在做事情的过程中出现问题，这是很正常的事情，重要的是，不要在出现问题时否定自己的劳动成果，认为解决不了问题是件很丢脸的事情。提高自己分析并且解决问题的能力的秘诀是尽量多地承担工作并投入其中，持之以恒，迫使自己的能力得以提高。有句话说得好：问题接触得越多，你解决问题的能力就越强。

有时候，给自己定一个目标更加有助于梦想的实现。如果你有目标，就一定会朝着这个方向努力，即使在追寻的过程中遇到很多问题，你也不会轻言放弃。反之，如果你没有目标，那么你在遇到困难时就很容易停止思考，只会一味地等待，行动也会因此退缩。所以，我们要经常思考，不能让头脑和身体懒惰下来。为自己树立一个或几个目标是发挥自己潜能、提升工作能力的重要方法。

分析思考我们需要掌握的重要方法，思考是人类作为高级动物的主要特征。优秀的人经常在面对问题时思考，然后在思考中成长，找到解决问题的方法。

法国18世纪的启蒙思想家、哲学家、文学家卢梭曾说过：“思考与适用联合后，就能碰撞出清晰明了的概念，就能找到一些简便的处理方法。这些正确的方法可使智力得到提升，使原本单调无味的工作令人倍感有趣。”

问题都是客观存在的，如果我们把出现的问题看成学习的机会，就会产生积极向上的态度。认真冷静地思考，找出问题后，用正确、有可操作性的解决方法解决问题，最后使自己的能力、实力不断得到提升。这样，问题就会转化为机会。

第四节

逆向思维，让你豁然开朗

逆向思维，也称“求异思维”，它是对司空见惯的似乎已成定论的事物或观点反过来思考的一种思维方式。这就是所谓的敢于反其道而思之，让思维向对立面发展。我们向处于思想相反的一面进行深入探索时，会看到不一样的风景，进而树立新的思想。当大家都朝着一个固定的思维方向思考问题时，很可能会进入思维的“死胡同”，而此时换一个角度，朝相反的方向思索不失为一个好的方法。

人们习惯于沿着事物发展的正方向去思考问题并寻求解决办法。其实，对于某些问题，尤其是一些特殊问题，逆向思考，从结论反向推理，或许会使问题简单化。

这种思维方式与我们常用的思维方式是相反的。逆向思维是一种罕见而又关键的技能。很多伟大的思想家都会利用这一思维方式，实现他们的目标。

《宋史》中所记载的司马光砸缸的故事，就是一个逆向思维的实例：

司马光字君实，陕州夏县人也。光生七岁，凛然如成人，闻讲《左氏春秋》，爱之，退为家人讲，即了其大指。自是手不释书，至不知饥渴寒暑。群儿戏于庭，一儿登瓮，足跌没水中，众皆弃去，光持石击瓮破之，水迸，儿得活。

如果有人失足落水，人们通常的思维是把人从水中捞上来。但对于年纪小、身高又矮于水缸的司马光来说，常规方法很难救出朋友。面对如此紧急的情形，司马光充分地运用了逆向思维，果断地用石头砸破水缸，让水流出来，救了朋友的性命。这就是逆向思维的作用。

由此可见，逆向思维是带你走进理性逻辑思维的一项重要技能。它能够让你跳出常规的思维模式，从不同的角度看待问题。所以，无论遇到什么问题，都要记得从相反的角度思考。

世界上著名的电磁感应定律的发现，也是一个逆向思维的应用。

1820年，丹麦哥本哈根大学的物理学教授奥斯特在实验中发现：把小磁针放在一根通电导线附近，小磁针会出现偏转。一旦切断电流，小磁针会立刻恢复到静止时的位置。这一现象清楚地表明了电流周围能产生磁场。

这一发现传到欧洲大陆后，吸引了许多人对电磁学进行研究。于是，英国物理学家法拉第怀着极大的兴趣重复了奥斯特的实验。果然，只要导线通上电流，导线附近的磁针立即就会发生偏转，这种奇异现象深深地吸引着法拉第。不仅如此，法拉第还认为既然电能产生磁场，那么磁场或许也能产生电，电和磁之间必然存在着能相互转化的联系。

有了这种想法后，法拉第从 1821 年开始做起了磁生电的实验。虽然他实验了很多次都没有成功，但他坚信，自己的逆向思考是正确的。十年后，法拉第把一块条形磁铁插入一只缠着导线的空心圆筒里后，导线两端连接的电流计上的指针发生了微弱的转动。这次的实验让他欣喜若狂，于是他又设计了其他的实验，如两个线圈相对运动，磁作用力的变化同样也能产生电流。这一成果表明，当初的判断是正确的。经过十年不懈的努力，法拉第于 1831 年提出了著名的“电磁感应定律”，并根据这一定律发明了世界上第一台发电装置。如今，电磁感应定律正深刻地改变着我们的生活。

运用逆向思维思考方式，成功发现电磁感应定律的法拉第证明了运用逆向思维去思考和处理问题的思维方式，实际上就是出奇制胜的一种方法。用绝大多数人都没有想过的方式去考虑问题，反而能够得到出乎意料的结果。

因此，在遇到问题时，不妨适当地跳出思维惯性圈，转变思路，尝试多角度或者逆向地分析问题，这样你很可能会有意外收获。

大多数人都厌恶自己的缺点，认为缺点就是短板。你有没有想过，有时候缺点也能够转化为优点，成为你的助力。

美国有一种番茄酱，跟同类产品相比，它的浓度非常高，并且很黏稠，很难做出美味的料理，所以很多家庭主妇拒绝使用。不久后，番茄酱的销量引起了产品生产公司的注意。

起初，生产公司通过市场调研发现了番茄酱浓度高的问题，想重新研制配方。就在他们准备回收市场上的番茄酱重新生产时。有人意识到他们可以转化思路，把产品的缺点当成优点。因为浓度高，说明番茄酱的品质醇厚，水分少，营养更加丰富，味道更加纯正。

于是，生产公司的人员把注意力聚焦在番茄酱的这个特点上，加大了宣传力度。最后使这种营养更丰富、味道更纯正的番茄酱变得家喻户晓，并且很快被大家所接受。很快，其市场占有率就跃居同类产品榜首。

这就是通过逆向思维，把一个产品的缺点转化为优点的经典案例。此外，还有一个案例。

伦敦的一位商人欠了一大笔钱。借款者又老又丑，却对商人年轻貌美的女儿垂涎三尺。于是，借款者想出了一个办法。他把一颗黑色和一颗白色的鹅卵石分别放进了一个空钱袋中，然后让少女挑一颗。如果少女挑中的是黑色的鹅卵石，那她就要嫁给借款者，她父亲的债务也就一笔勾销；如果少女挑中的是白色的鹅卵石，那少女不但不用嫁给他，商人的债务也将被取消。但如果少女不愿意挑选，那么她的父亲将被借款者送入监狱。

于是，商人和少女只能被迫接受这个提议。

几天后，少女和商人来到了借款者家中，为了“公正”，他们一同来到后花园，脚下正是一条由鹅卵石铺成的黑白相间的小路。狡猾的借款者快速地捡起了两颗鹅卵石，可眼尖的少女发现那两颗都是黑色的鹅卵石。接着，借款者要求少女挑选一颗。

聪明的少女从借款者的手中拿走了一颗鹅卵石，但在大家还没来得及看清这颗鹅卵石是黑色还是白色的时候，她就“不小心”把它丢了出去。由于地上到处都是黑白鹅卵石，所以也无法分辨哪一颗是刚才掉在地上的。

当人们要求看借款者手中剩下的那颗鹅卵石时，借款者不敢承认自己的欺骗行为，只得亮出黑色的鹅卵石，如此一来，少女选择的那一颗就只能是白色了。

就这样，商人的债务一笔勾销，少女也不必嫁给借款者了。

这就是逆向思维的力量，当我们遇到正向思维难以解决的问题时，不要忘记我们还有另外一个选项。“所谓聪明的人，都是善于运用逆向思维的。”逆向思维是带领我们走向理性逻辑的一项重要技能。它能够让我们突破常规的思维模式，表达出与众不同的观点。无论遇到什么情况，都要记得从不同的角度观察和思考，也许转念间就会见证新的奇迹。

逆向思维是许多伟大的科学家和思想家所拥有的一项关键性工具。它帮助艺术家突破现状，引导高效的领导者实现成功，同时也让他们避开横在成功路上的障碍。因此，逆向思维有助于打破思维桎梏，促使人们进行多方面的思考。

第四章

逻辑表达的有效沟通

第一节

沟通第一步，要把问题说清楚

逻辑表达的目的是有效沟通，因此简单明了的语言是最基本的表达习惯。从语言学上来讲，语言从我们的大脑中产生的过程既简单又复杂。

第一步，在脑海中形成一些想法或者概念。

第二步，把这些想法或概念按一定的逻辑关系组合，如主动被动关系、肯定否定关系。

第三步，根据逻辑关系选择一个合适的句式。

第四步，在句式中填入适当的词语，组成句子。

第五步，在脑海中形成完整的句子。如果你要用口语表达就要确定发音，用文字表达就要确定字形或拼写。

大部分欠缺表达能力的人，问题都出在前两步，尤其是第二步。第二步主要是要求我们在说话或者写作之前要“想好了再做”。很多人在说话或写文章前，逻辑还未理清，所以语言表达的结果可想而知。

如果将写文章看成一个思维表达的过程，那么在下笔写作之前，首先需要考虑的是想要表达的思想是什么。比如说，我现在想表达“写作要有层次感”这个中心思想，那么就要想清楚“层次感是什么”，如何表达才能被称为“有层次感”。想清楚这些问题后，我才能开始动笔规划文章结构，进而寻找论据证明我要表达的论点。

倘若只有一些很难形成逻辑的零散语句和观点，那么自然无法写出观点明确、结构完整、逻辑清晰的文章。

其次，句式的选择、使用也十分重要。

我们学习英语时，最重要的是学习语法句式。有时候，我们会听到英语老师说，中文差的人，英文也不会太好，其实这是有一定道理的。因为语言是贯通的，所以当我们用英语表达思想的时候，脑海中会先用中文把要说的句子组织一遍，这就是想法的形成，然后再用英文句式将其表达出来。

因此，无论是中文、英文还是其他语言，我们面临的一个考验都是如何选择一个高效的表达句式——这也是逻辑表达力中最重要的一环。很多人在学习英文时都容易犯一个低级的错误，过于炫耀自己的语法能力，从而把句子说或写得极为复杂，仿佛只有这样才能凸显其英文水平。其实，这种做法是完全没有必要的，我们表达的目的是为了让别人听懂，而不是为了矫揉造作地展现自己的词汇量和语法。

当你本来就不知道该说什么的时候，没话找话更容易突显你表达不清的缺点；有时候，虽然你知道自己要表达的内容，但思绪混乱，最后根本无法表达清楚，这就是被潜意识主导的结果。

人类潜意识的运行方式是互相关联的，举例来说，当对方问你“今天是否能够一起吃饭”的时候，你的思维会在潜意识的主导下首先想到“今天晚上已经和某人约好了”，然后又会想到“要不打个电话询问一下看看能不能改期”，但这都是在你的头脑中下意识发生的，说出口的话可能会直接变为“等一下，我去打个电话”。如此一来，正在和你交流的人就会被你这样跳跃性的思维弄得不知所措，甚至还会以为你是在故意回避他的邀请。因为对方看不到你思维的过程，所以自然没法理解你的行为。

在演讲、对谈等比较正式的沟通环境中，通常你需要让自己的意识去控制沟通，让你的思维保持逻辑性。但事实上，无数的研究表明：一个人很难持续控制自我意识，通常说着说着话就会进入潜意识控制的模式，毕竟人的大脑也是会累的，不可能持续地处于高速运转之中，这是很正常的。

所以，你在交流前可以设定一个大致框架，在多数的时间里，让潜意识运转，在交流的关键时刻，则提高注意力，有意识地检查“现在的进度是怎样的，交流是不是跑题了”。

有了这样的逻辑框架，就可以掌握自己的表达方式和节奏，也就不容易跑题。

沟通中我们是不可能做到面面俱到的，把自己知道的所有事情全都一股脑儿地倾泻出来，不会给沟通加分，反而会降低沟通的效率。如果你是一名销售人员，当你在推销搅拌机时，如果把搅拌机的所有功能都介绍一遍，那客户十有八九会听得不耐烦而选择不购买。

由潜意识主导沟通并不是什么坏事。例如，在和朋友随意聊天的时候，大家东拉西扯会让气氛更加舒适放松。有些人在重要场合或者见到重要人物时，反而变得不善言辞，就是因为过于紧张，意识主导了沟通，反而压制了潜意识的活动。

我们在工作中如何才能把问题说清楚呢？

很多人在向领导汇报工作时，总是没有前因地直接抱怨，领导这时听到就会产生一些困惑。比如，当领导在员工汇报时听到产品价格太高了，会继续追问下去："你为什么会得到这个结论？"员工回答："我们经常遇到一些顾客，觉得产品的价格太高而不愿意购买。"然后，领导会接着询问："我们指谁？是柜台的员工，体验区的员工还是网店的客服？经常是多久，几天还是几周一次？一些顾客是指哪些人？平均一个星期能有多少人？顾客的主要群体是什么，学生、家庭主妇还是白领？产品具体是指哪些？价格高是比某个竞争对手高，还是比同类产品的平均价格高？高多少？”

在这样的追问之下，员工把“我们”“经常”“一些客人”“产品”“价格高”等关键词的具体内容搞清楚了。有了明确的信息后，员工表达内容的完整描述是：“柜台的员工每周都能遇到十几个在购买手机时反馈价格比在购物网站贵了将近两百元的学生。”这样，老板也就能理解员工所提出的这个问题了。

因此，当我们要询问一个问题时，应该把问题表达清楚，还要将每个关键词还原成对事实的描述，这样才便于听者的理解，从而高效地解决问题。尤其要注意的是，在我们平时的工作中谈到具体问题时，要多使用可以量化的词语，避免使用“经常”“某些”“大多数”这样模糊的词汇。

第二节

事实讲明白，别人才能理解你

职场中，你有没有碰到过以下情况：

（1）花费了很长时间思考问题的解决方案，却依然没有进展。

（2）明明向对方说了很多，依然无法有效沟通。

其实，这并不是因为你的工作能力差，造成这种局面的根本原因是你的逻辑思维不够顺畅。

小李是在帽子工厂的业务员，最近刚谈成一笔订单，但是却在购买面料时出了问题。供应商的面料卖完了，而且短期内不打算生产这种面料。于是，小李就赶紧发邮件给客户，说明此款面料已经暂停生产，能否可以使用类似的面料替代。客户收到邮件后感到一头雾水，搞不清楚到底小李说的是什么面料，类似的面料和之前的面料又有什么不同。最后，客户认为工厂根本就没有考虑如何解决面料问题，而是直接把问题抛给了客户。结果，客户取消了订单。

造成这种结果的根本原因在于小李的逻辑思维不够清晰，没有将棘手的问题理出条理。其实，如果把关键要点都按照逻辑理顺，那么一切都迎刃而解了。

事实上，小李可以这样做：

（1）这个款式有三个颜色，其中一个颜色的面料没货了，而且短期内供应商不打算再生产。

这是问题及其产生的原因，一定要向客户说明。

（2）工厂已经在现货市场上找寻了很久，但是找不到一模一样的面料，为了不延误交货期，只能找到花纹接近、质量类似的替代面料。

向客户解释工厂做了哪些努力，并且提出目前最合适的解决方案是使用替代面料，否则就赶不上交货期，会面临赔款（说明问题严重性）。

（3）给客户邮寄面料对比色卡，让客户能够亲自对比其中的差异并做出最终决定。

如上面所讲，将思路理清，把实际情况说明白，就可以把自己的意图表达清楚，让客户可以明确地了解发生了什么问题，最终会导致什么样的后果，解决方案如何。如果客户收到面料后觉得可以接受这个建议，那问题就全部解决了。

除此之外，我们经常会犯的表达错误还有叙述时缺失关键信息。比如说，单位在广播时通知道：“全体人员务必于上午十点三十分到大会议室开会，有重要事情通知。”在这则通知开会的广播里，看似时间、地点、与会人员等要素都齐全，但是仔细看会发现在时间上缺少了哪一天开会的信息，因此会造成大家的疑问。

中国人在含蓄内敛的传统文化的熏陶下，在情感表达上一直偏向于委婉矜持，即使面对最亲近的爱人和朋友也很少直白地表达自己的正面情感。在很多时候，即使是关心的话，人们也不愿直接说出口，总是要拐弯抹角的。

小美的老公大洋喜欢喝酒，在单位的应酬又比较多，经常晚上喝到晕头转向才被同事送回家。为此，小美不止一次地劝大洋少喝点酒，因为喝多了对身体不好。终于有一次，小美和大洋吵了起来。这次过后，大洋果然减少了喝酒的量，晚上回家的时间也早了。

但是，几天之后的一个晚上，大洋在夜里十二点才回到家，进门就看到小美坐在沙发上一脸怒容地等着他。小美看见大洋回来，劈头盖脸就是一番数落：“你怎么又喝到这么晚才回家，现在都几点了，还知道回来……”

大洋本来想解释是领导硬拉他去作陪，他不好意思拒绝，其实自己并没喝多少，但是听了小美的话，就怒气冲冲地说："我又没让你等我，我喝多少是我的事，用不着你管，我每天上班谈业务已经够累的了，回家还要听你的数落，这个家你要是不想要了就直说。"说完，大洋自己也愣住了，小美也是一脸震惊，最后哭着跑回了卧室。

事后，小美也是懊悔不已，她明明是怕酒喝多了伤害大洋的身体，但是总是无法用正面的话语来劝告大洋，偏偏要说反话，如此一来好心也变成了伤害对方的利器。而大洋也是一样，虽然内心清楚小美是关心自己的，但在面子上却总是下不来台。最后导致两人针尖对麦芒，僵持不下。

小美和大洋明明都深爱着彼此，却用语言伤害了对方。这就是不善于表达造成的问题。对我们的亲人、朋友和爱人总是吝惜赞美之词，所说的话和所做的事总与心中真实所想背道而驰。在生活中，来自四面八方的各式各样的感受进入我们的大脑后会被保存下来，形成元素，再借由语言这一媒介传达出来。当你听到这些语言的时候，就会自动和记忆连接。在那一瞬间，你会产生高兴、气愤或者悲伤等情绪，从而引发某种行为。

正面表达自己的想法，可以为我们省去很多不必要的麻烦，避免对方盲目地猜忌。很多矛盾和误会都是在猜忌的过程中产生的，即便对方猜准了你的想法，也会觉得身心俱疲，一次两次可以，可时间一长没人会忍受得了。

上面所谈到的，是日常中经常会出现的问题——缺失重要信息和不善于正面表达。接下来要讲的，是如何有逻辑地表达难以理解的问题。有时即使表达者逻辑清晰，但听者依然很难理解。这类问题的产生主要是因为受众缺乏相关基础知识或经验。

在一堂公开课上，李老师向学生们讲述什么是ID。如果用定义和概念的方式讲解，那他应该这样介绍：ID是指身份标识号码，也称“序列号或账号”，是某个体系中相对唯一的编码，相当于“身份证”，对于某一具体的事物来说，身份标识号一般是不会变的。但是这样讲，很多学生还是似懂非懂，无法直观地感受到什么是ID。那么，要让学生们听懂，李老师该怎么说呢？

他可以这样问学生：“我们坐火车或者乘飞机都需要身份证，对吧？”

学生回答：“对呀。”

李老师继续问：“那么需要身份证的目的是什么呢？”

学生回答：“为了证明自己的身份，不是冒充别人或者被别人冒充的。”

李老师又问：“所以对每个人来说，身份证应该是唯一的，对吗？”

学生回答：“对呀。”

于是，李老师得出了结论：“这样就可以说你的ID就是你的身份证号码，每个人都是不同的，并且可以证明他们的身份。”

这样介绍的话，学生们就能很容易听懂了。他们也许还不能了解得很透彻，但至少对于理解问题足够了。

解决这类问题的一个方法是要让自己的表达生动起来，让听者在过往经验中产生共鸣，这样有助于他们理解复杂的概念或者事物。这里有一些基本的方式和方法，比如打比喻、讲案例、让客户亲自体验等。

讲故事引导听者思维是最容易引起他人情感共鸣的方式。先让对方理解一些基础的东西，再用故事引起他们的好奇，才能一步步走向最终的目标。

第三节

理由不充分，别人如何信服你

1. 案例说明，有理有据

很多演讲者都承认，与其长篇大论地干讲一些生硬的理论知识，不如举几个轻松有趣的案例更能调动大家的积极情绪，也更容易吸引听众的目光，让他们感同身受。

在实际的逻辑表达中，把问题说清楚、事实讲明白之后，还要有充分的理由进行说明。事实上，最好的表达是：每给出一个观点，就应该用案例阐述得出这个观点的理由。有时候，大道理讲得太多，会让人听得厌倦。因此，理论多，举例少，就会显得无趣。

大学毕业后王萍萍在网上投了很多简历，其中一家投资公司邀请她去面试。

在面试的时候，面试官让王萍萍简单地介绍一下自己，并且说说为什么觉得自己可以胜任这个工作岗位。王萍萍没有很多面试的经验，她觉得只要把自己的优点都说出来就能得到面试官的认可，于是自信地侃侃而谈：

“我在大学担任过学生会会长，性格外向，非常善于人际交往和人际沟通，逻辑思维能力强，眼光也很独到……”

这样罗列了一大堆，王萍萍发现面试官并没有对她表示满意，又问了她几个问题之后，面试官叫她回家等消息，如果面试通过会通知她。

这一场面试对王萍萍来说仿佛不是很成功，如果她在介绍自己的时候能增加几个具体的案例说明，效果会更好，也更加会让面试官有理由相信她的能力。比如她可以这样说：“我在担任学生会会长的时候，曾经在和另外一所学校的学生会合作组织过一场知识竞赛，我和几个学生会成员找到赞助商后，和对方进行了项目协商，获得了很多支持和协助，最后成功举办了竞赛……”

“观点 + 案例”的组织结构会让你的表达看起来更有逻辑，用案例作支撑，使表达更加有理有据。实际表达中，仅有案例支撑还是不够的，在列举案例时，必须符合逻辑递进的关系，层层深入。

如果我们以“做人要保持诚信”为论题，如何才能用案例充分说明这个论点呢？

第一层论据：我们可以讲述何为“诚信”，并用一诺千金的事例来做具体的说明。

《史记·季布栾布列传》中有云："得黄金百斤，不如得季布一诺。"

> 相传，在秦末汉初，楚地有一个叫季布的人，他性情耿直，非常注重承诺，为人侠义乐于助人。只要是他答应过的事情，无论有多大困难，他都会想方设法地办到，因此受到了当地人民的赞扬。于是，在楚地就流传开了一句话：得黄金千两，不如季布的承诺。随后，"一诺千金"便这样被流传了下来。

有句话说的好：好的论证，应该是不惜笔墨的。有了这第一层论据还不足以说明诚信的重要性，我们还要加上第二层更具说服力的案例来证明这一观点，让单薄的论据变得翔实。比如说，可以像下面这一段所述：

> 春秋战国时期，商鞅在秦孝公的支持下主持变法。当时的社会战争频繁、人心惶惶，为了推进改革，取信于民，商鞅下令在都城南门外立一根三丈长的木头，并当众许下诺言："谁能把这根木头从南门搬到北门，就赏

给他十金。”围观的人都对这种做法感到很奇怪，不相信如此简单的事能得到如此高的赏赐，根本没人肯出手一试。

于是，商鞅又将赏金提高到了五十金。这下，重赏之下必有勇夫，终于有人肯将木头扛到了北门。商鞅立即赏了他五十金，以表明自己诚信不欺。商鞅的这一举动，在百姓心中树立起了威信，也让他们确信新法是可信的，因此商鞅在秦国推广的变法很快实行开来。

古人云“人无信不立”。这就是诚信的力量，诚信乃是一个人立足于社会的根本。

所以，想要让表达更合逻辑，不仅要有案例，还要让案例层层深入，要把每个论点讲透才能让听者信服你的观点。

2. 用数值、数据等补充理

数据是最直观的说明，用数据说话，就是摆事实。用事实说明一切，远比空洞的文字更加有说服力。管理大师爱德华兹·戴明说：“除了上帝，任何人都必须用数据说话。”这句话更加说明了数据的重要性。

21 世纪的今天，人类已经早早地迈入了数字时代，现在的数据已经从一个文字的附属品变成了关键性的信息，尤其是在商业方面："双十一"期间的电商大战总是会以成交比数额来确定销售水平，哪款产品销量好，哪款产品不受欢迎，数据会告诉我们答案。

在一年一次的企业年度生产经营分析大会上，A公司的各个部门代表都做出了相应的发言。

轮到销售部代表曹晓云发言时，她说道："刚才我听了其他部门代表的发言，发现大家很少用具体的数据来说明本年度各个部门的工作内容和所取得的成绩，我们销售部作为业绩部门离不开数据的支持，并且我个人认为数据是最简单、最能可视化表达工作业绩的。因此，我罗列了这一年度销售部的整体销售金额、我们公司每种产品的销售量以及每个销售部员工的销售业绩等。此外，针对一些销量较高的产品我也做出了具体分析，找出了它们受欢迎的因素。对于销量不好的产品，我们部门内部也进行了讨论，分析了几点可以改善、加强的地方，希望能够以此来提高该种产品的销量。"

在接下来二十多分钟的汇报中，曹晓云将销售部报表中的数据一一做了解释说明，员工和领导都对她的发言表示了赞许。

从企业的角度看，企业想知道客户喜欢什么，想要购买什么样的产品，市场未来的发展最有可能走向哪里，对海量的用户数据调研是最直观的方法。通过对调研数据的分析还可以让企业做出更高质量的决策。

其实，这种忽视数据的现象在国内很多企业中都存在。很多企业的管理工作还停留在感性认识上，企业管理也还处于粗放式管理阶段，表现在管理过程中的一个特征就是喜欢用概括性的语句来总结工作状况。比如，产品部领导的发言："我们企业在产品质量方面取得了很大进步，产品的合格率比去年有了很大程度的提高，客户的投诉比例比以往有所下降，客户对我们的服务基本是满意的。"这样的汇报可以说是千篇一律，毫无亮点，让听众昏昏欲睡，没有兴趣。

如果企业还停留在这个阶段，必然会导致管理工作停留在"感性"层面上，致使大量的问题没有得到准确的显现，久而久之问题也就不会得到及时有效的解决。最后必将导致企业潜在的问题越来越多，最终越陷越深，积重难返。

要改变这种局面，我们必须学会用数据来说话。所谓用数据说话，就是在表达的过程中使用诸如：本季度产品的合格率为 35%，今年比去年销售金额增长 25%，对比年初制订的计划完成率为 90%，销售额比去年同比增长了 50%……

经过对比，我们会发现：用数据来表达你要说的内容比用形容词来描绘更清晰直观。从管理的层面来讲，这样做更容易发现企业内部的问题，而这正是解决问题的良好开端！

重视数据、运用好数据是企业迈向广阔未来的有效方法，同时也是提高我们表达能力的有效手段。从自身开始，力求事事都用数据说话，减少依赖经验和直觉的习惯，开始练习用尽可能简单、直观的方式表达数据背后的故事，让人看后即懂的数据本身就拥有一种强大的说服力。

第五章

论证充分，逻辑表达才有说服力

第一节

提升归纳能力，思绪才能有条理

思维混乱没有逻辑，很大一部分的原因是你头脑中没有分类的概念，因而不知道如何梳理自己的思绪。若要想表达的内容条理分明，就需要我们运用逻辑学中的几个思维方法。

归纳法是在认识事物过程中所使用的思维方法，是列举数个事实，然后从中找出共通点，最后得出结论的方法。它简单易学，并且小到日常生活，大到历史研究都可以广泛应用。

应用归纳法时，人们会以一系列经验事物或知识素材为依据，找出共有的基本规律，再从个别推广到一般，并且假设同类事物中的其他事物也服从这些规律，从而将这些规律作为预测同类事物中的其他事物的基本原理的认知方法。

在无数的应用实例中可知，归纳法的优势明显，它能够总结事物的一般性规律，从而得出结论，达到对事物普遍、共同、本质的认识。但是，归纳法也存在缺点：用它观察几个事实后，得出的结论只是推测出来的内容，并不是经过确实证明得出来的，所以在表达结论时，谨慎的说法应该是“大概是……”“似乎是……”。因此，归纳法对于规律容易发生不完全归纳。

著名思想家穆勒在《逻辑、推理和归纳体系》一书中对归纳法做出了系统的阐述。他认为，科学与考察是从对事实的自由无偏见的观察开始的，接着又对这些事实进行归纳推理而形成一般规律的公式，最后进一步归纳到更广的一般性，形成人们所称的理论，最终把规律和理论的经验结果，同所有观察过的事实，包括最初开始观察的事实进行比较，来核对规律和理论的真实内容。这种方法一般被认为是科学方法，并被归结为三个步骤：

（1）搜集经验事实。

（2）提出假设和理论。

（3）用经验事实对假设和理论加以检验。

由此可见，若想让表达有逻辑，首先要学会归纳分类，其中层层递进是很重要的方法。简单来说，归纳的过程可以分为三步：

（1）积累和搜集一系列经验事实或知识素材。

（2）分析所得事物的基本性质或特点，寻找出其遵循的基本规律或共同规律。

（3）根据基本规律描述和概括出事物的规律和特点，并依据系统化的判断将这些规律作为预测同类事物的其他事物的基本原理。

我们可以将归纳法应用到生活实践中，相信很多人都会遇到如下的生活场景：

> 小吴很喜欢骑摩托车。一次，在骑摩托车上班的路上遇到了一处坑洞，他没注意避开，摩托车在坑洞上方颠簸了一下熄了火。几天之后，还是这个坑洞，小吴路过时又没有注意到，摩托车又碰到了一次，发动机又熄灭了。第三次，小吴意识到了这个问题，但是他想验证一下自己的推测，摩托车再次碰到了坑洞，发动机果然熄灭了。此后，在平坦的道路上，发动机就没有碰到过熄火的情形。于是，根据这几次摩托车熄火的情形，小吴就可以合理地推断出：发动机熄火是由于突然的颠簸导致。

这就是所谓的归纳法，由个别经验归纳出普遍的规律。有这样一则应用归纳法的笑话：

> 从前，有个富豪的儿子到了上学的年纪，富豪找了

一个老师教儿子认字。

第一天，老师教富豪的儿子学“一”字，他在纸上写了一横，说这是一个“一”字；第二天，老师教富豪的儿子学“二”字，他写了两横，说这是一个“二”字；到了第三天，富豪的儿子想今天老师一定会教“三”字，就预先在纸上写了三横，果然这天老师也写了三横，说这是“三”字。

于是，富豪的儿子根据这三天的学习，得出了一个结论：“四”字、“五”字的写法一定是四横、五横，这太简单了。富豪的儿子觉得自己已经学会了，就对富豪说：“爸爸，你不用让老师教我了，我什么都会了。”富豪听了儿子的话很高兴，就把老师给辞退了。

过了几天，富豪要请一个姓万的朋友吃饭，就叫儿子写份请帖。儿子进屋写了半天，也没见出来，富豪很是纳闷，就亲自到房间去看看儿子到底在干什么。只见富豪的儿子趴在地上，满头大汗，一见到富豪就抱怨说：“这个人姓什么不好，非要姓万，到现在我才写了五百多横，离一万横还早着呢……”富豪看着儿子写的满篇的横，顿时傻了眼。

这虽然是一则令人啼笑皆非的笑话，但是富豪的儿子会得出“‘四’字、‘五’字的写法一定是四横、五横”的结论，明显用的就是归纳法，不过这个归纳推出的错误结论并非不严谨所致。

为什么富豪的儿子所用的归纳法是错误的呢？要知道，归纳法是一种由推论得出的结论，并不一定是完全性的验证，所以结论有可能是正确的，但也有可能是错误的。

因此，在推论的分类上，我们可以将归纳法分为完全归纳法和不完全归纳法两种。

（1）完全归纳法：根据某类事物的每个分子都具有或者不具有的某种属性，推出该类事物一般性结论的归纳方法。

（2）不完全归纳法：根据某类事物的部分对象具有的某种属性，推出该类事物都具有某种属性的一般性结论的归纳法。

日常生活和研究中，我们所使用的归纳法一般是不完全归纳法，因为要毫无遗漏地考察每一个研究事物所包含的每一个个体，在具体实践中要花费大量的时间和精力，是比较困难的。

不完全归纳法，可以分为简单枚举归纳法和科学归纳推理。

简单列举归纳法很容易理解。简单来说，只需要列举某类事物中的一部分，并对其进行研究分析，根据没有遇到矛盾的一般情况，做出关于这一类事物的一般性结论的推理。

比如说，某人观察了一千只天鹅的颜色后发现，这些天鹅都是白色的。他得出了结论——天鹅是白色的。但是，由于他所观察的天鹅不是世界上所有的天鹅，所以得出的结论不一定正确。也许第一千零一只天鹅还是白色的，也或许不是白色的。上述笑话中，富豪的儿子就是使用了简单枚举的方法得出了结论，最后出现了错误。

虽然通过简单枚举归纳法得出来的结论有一定的合理性，但也有可能有误差。所以，我们可以在该方法的结论中做进一步的研究，如果推论是正确的，就会是一种新的突破；如果推论是错误的，也可以重新寻找思路，从另一个角度入手，从而通过错误来得到新的知识。

英国逻辑学家弥尔在《逻辑体系》一书中系统讨论过归纳的五种方法，它们分别是：求同法、求异法、求同求异法、共变法和剩余法。

1. 求同法

求同法是指假设若干个人或者若干种事物发生了某种现

象，那么可以推断出，这若干个人或事物的共同点，并可能得知导致该现象发生的原因。

例如，小甲今天吃了学校的午餐后拉肚子了，小乙、小丙和小丁也吃了学校今天的午餐而拉肚子了。于是，我们可以根据以上情形归纳出：今天学校的午餐有问题，可能是食物不干净导致吃了午餐的同学拉肚子。

这就是求同法。

2. 求异法

求异法是指假设某种现象出现在甲和乙两种相反的情况下，那么这两种情况唯一的差异，就可能是导致该现象发生的原因。

例如，某天，五个年轻人到一家餐馆吃饭，其中三个人点了鸡腿套餐，而另外两个人则点了鸭腿套餐。吃完之后，点了鸡腿套餐的三个人全部拉肚子，而吃了鸭腿套餐的两个人却什么事也没有。几个人找到餐馆老板，询问后得知，两种套餐中除了鸡腿和鸭腿的区别外，其他的米饭和配菜都是一样的，而该餐馆的鸡和鸭两种食材是从不同的食品厂购买的。因此，他们得出结论：食品厂提供的鸡腿是有问题的。

这就是求异法。

3. 求同求异法

求同求异法是指观察某个环境，发现都发生了那些现象，再观察另一个与之相反的环境，如果这些现象都没有发生，那么环境的差异就是导致该结果的原因。

某校篮球队要进行全校队员选拔，报名的有五十人，经过一层层的测试筛选，最终选中了十五人。选拔完成后，老师发现：在这十五人中，大部分学生在晚上放学后会多参加一到两个小时的篮球训练，而那些没有被选中的学生则很少在业余时间参加篮球训练，并且这部分学生的身体素质普遍不如经常参加篮球训练的学生。由此，可以推断出，业余时间多参加篮球技能训练是提高身体素质的关键。

这就是求同求异法。

4. 共变法

共变法是指在其他条件不变的情况下，如果某一现象发生变化，而另一现象也随之发生相应变化，那么这个唯一的变化可能就是导致后一个现象变化的原因。

例如，在物理学上，一定压力下的定量气体，会随着温度的变化，体积成正相关变化。因此，根据气体体积与温度之间共变的关系，就能说明气体温度的改变是其体积改变的原因。

5. 剩余法

剩余法是指如果某一种复合现象是由多种原因所引起的，那么把其中确认有因果联系的部分减去，剩下的部分也必然存在一定的联系。

例如，居里夫人在研究时观察到，一定量的沥青铀矿的放射性，比纯氧化铀强四倍之多。因此，她断定：沥青铀矿中除铀之外，一定还含有其他放射性更强的元素。后来，居里夫人经过多次的实验，在一次又一次的提炼后，终于发现了镭。

这就是剩余法。

第二节

灵活运用演绎法，表达才更有依据

在上一节中，我们讲述了逻辑表达中的归纳法，这一节重点了解另一个重要的逻辑表达方法——演绎法。

演绎法，是指将已经发生的事实和与其相对应的某个规律进行组合，从而得出结论的方法。如果说归纳法是从许多个别的事例中获得一个具有概括性的规则，那么演绎法就正好与之相反，它是由一般到特殊的推理方法。

演绎法推论的前提与所得出的结论之间的联系是必然的，如果前提真实可信的，推理的过程和形式均正确，那么结论必然是真的。因此，可以说这是一种必然性的推理。因为推理的前提是一般，而推理出的结论是个别，根据事物的特性可知，一般中必然蕴藏着个别。而推演出来的结论是否正确，取决于前提是否真实正确，推理过程是否合乎逻辑。

举一个简单的例子，我们都知道手机是靠电池来维持运行的，所以一旦电池没电，手机就不能使用。这就是演绎法。演绎法的前提可以是我们已知的某个客观事实、一般常识或者某个物理规律，经过推理后的结论不会超出前提所断定的知识范围。而在归纳法中，除完全归纳推理的前提与结论间的联系是必然的之外，其他归纳法中的前提和结论间的联系都是或然的。也就是说，即使前提真实，推理形式无误，但并不一定能够推论出必然正确的结论。

由此，我们可以看出演绎法有其特殊的优点：

（1）逻辑严密，采用层层递进的推理方式，所得出的结论正确可靠。

（2）通过推理演绎，可以知道某一事物的特性。

但是，我们在应用中也会发现演绎法的局限性。因为演绎推理的结论的可靠性会受到前提的制约，所以前提的正确与否至关重要。如果前提错误，那么通过演绎法推理出来的结果，即使推理过程是正确的，结论也不一定正确。并且随着演绎法递推的范围逐渐减小，这种方法不能完全展示出事物的普遍规律。

例如，有人认为“所有鸟都是会飞的，鸵鸟是鸟，所以鸵鸟是会飞的”，这个推理的形式是有效的，但由于前提中的“所有鸟都是会飞的”是一个虚假判断，因而所得出的结论就是不正确的。所以，随着人类的思维逻辑日趋成熟，我们的思维也越来越活跃，不应该单单只靠一种思维方式，无论是归纳法还是演绎法都各有利弊，善于运用并举一反三地进行思考，才能减少谬误，获得真理。

除了前提有效，推理形式是否有效也是运用演绎法得出正确结论的关键。因此，演绎法的另一个重要的性质是：在推理形式有效的情况下，如果前提真实，那么必然就能推论出正确的结论；如果前提真实，但推理形式无效，那么依旧不能保证结论的正确。

还是上边的例子，我们把前提换一下，该推理变成“有些鸟是会飞的，鸵鸟是鸟，所以鸵鸟是会飞的”。在这个推理中“有些鸟是会飞的”和“鸵鸟是鸟”都是真实正确的判断，但是结论却是错误的。问题就出在了推理形式的无效上，也因此必然导致了结论的错误。

由此得知，“前提真实”和“推理形式有效”是演绎法推理的两个必要条件。“前提的真实”必须根据生活实践或者科学研究才能得出判定。从逻辑学的角度来看，我们应该着重学习和研究的是推理形式的有效性问题。那么，究竟什么样的推理形式是有效的，什么样的推理形式又是无效的呢？

根据演绎法的定义可知，如果对某一推理形式代入任何正确的前提，都不会出现虚假的结论，那么这个推理形式就是有效的；否则就是无效的。

举例来说，“所有 A 都是 B，C 是 A，所以，C 是 B”，这个推理形式是有效的，因为具有这种形式的任何推理都不会产生前提为真，结论为假的情况。

如果换成“有些 A 是 B，C 是 A，所以，C 是 B”，那么这个推理形式就是无效的，因为还有一部分的 A 不是 B，所以无法得出因为 C 是 A，所以 C 是 B 的结论。综上所述，具有这种形式的某些推理，前提虽然为真但是结论却不一定为真。

要知道，逻辑学是从形式方面对演绎推理进行研究的。因此，形式有效，即符合推理规则的推理，才能是合乎逻辑的推理；形式无效，就违反了推理规则，是不合逻辑的推理。

那么，学习演绎法对逻辑表达有什么用呢？

（1）可以通过演绎法来验证某种假设或者理论的真实性。这是在研究中常用的方法。

（2）由于演绎法的论证过程思维严谨，所以可以为知识和定理的合理性提供逻辑证明。

（3）在和他人的论辩过程中，我们可以把一个原理运用到各种具体的场合，从而得出正确的结论，说服对手，赢得胜利。

古希腊的著名哲学家亚里士多德，在总结概括科学的思维方法的基础上，系统地探讨和制订了以三段论为主的演绎方法。

三段论主要有三个步骤：

（1）阐述世界上已知或已经存在的某种真实情况或者客观真理。

（2）阐述世界上同时存在的相关情况（这里所说的相关情况是指对第一个表述的主语或者谓语所做出的解释）。

（3）得出这两种情况同时存在的结论。

三段论是以两个包含共同项的判断为前提，得出一个新的判断作为结论的演绎推理，这三个步骤也可看成三部分：

（1）大前提：即已知的普遍真理。

（2）小前提：即所研究的某种特殊情况。

（3）结论：即根据普遍真理，对特殊情况做出的判断。

知道了三段论的推理过程，我们就可以把它应用于实际来做一个简单的推论。当你从天气预报中得知明天要下雨时，会做出一个推理决策：明天要带伞。这个过程是怎么得出来的呢？

我们每一次的推理都需要通过获得信息来支持，这就是我们所说的前提。你从天气预报中所获得的信息“明天要下雨”就是一个前提。在这里，还有一个重要的大前提，就是“下雨需要带伞”，这是人们在长期的生活实践中所获得的经验。

因此，根据三段论的推理方式，可以得到如下逻辑。

（1）大前提：下雨需要带伞。

（2）小前提：明天要下雨。

（3）结论：明天需要带伞。

这个推理的过程，就是一个运用了演绎法的完整推理过程。我们再仔细观察一下，为什么“下雨需要带伞”是大前提，而“明天要下雨”是小前提呢？答案很明显，演绎法的特点是由一般推知个别的过程，“下雨需要带伞”是没有时间限制的一般事实，它的涵盖范围要更大一些；而“明天要下雨”这一前提，只把时间限制在了明天，范围明显缩小，属于特殊的前提条件，所以可以以此区分大前提和小前提。

演绎推理除了用三段论的推理方式，还有假言推理、选言推理等多种形式。它对严谨的思维训练有着重要、不可替代的校正作用。演绎推理可以帮助我们在日常的生活和工作中获取信息、学习知识、逻辑表达、推理特定信息，有助于我们对事物做出有效判断，快速识别逻辑问题。

第三节

MECE 分析法，避免遗漏和重复

MECE，是“Mutually Exclusive Collectively Exhaustive”的缩写，译为“相互独立，完全穷尽”。这个分析法是由麦肯锡公司的一位咨询顾问——巴巴拉·明托在金字塔原理中提出的一个重要原则，它是麦肯锡所提倡的思维过程中的一条基本准则。

用 MECE 分析法，就能对重大议题做到无重复、无遗漏地分类，借此有效地把握问题的核心，并有效地解决问题。

举个简单的例子，如果我们需要按年龄和性别把人分成几类，那么我们如何运用 MECE 分析法来表示呢：

分法 1：青年人、中年人、老年人。

分法 2：男性、女性。

分法 3：男性、青年人。

分法 4：男性、女性、未成年人。

根据 MECE 分析法可以得知，按照年龄划分的分法 1，缺少了未成年人的一项，但是所分的三类人群都是没有重复类别的；按照性别划分的分法 2，没有重复也没有遗漏类别；

在分法 3 中，青年人中也有男性，所以两者中间是有重复的，而且这样分类还缺少了非青年人中的女性，所以有遗漏；分法 4 中的未成年人有男性和女性之别，所以该项分类属于有重复，但是没有遗漏。

我们在分析事实、创建假设、证明论点时，如果想要表达得完整且有条理，就要学会运用 MECE 分析法的思维准则。

MECE 分析法的思维准则的本质就是逻辑，分析问题并不意味着我们要对问题进行机械、简单的肢解，而是要理清头绪。事实上，在职场中，大多数情况下，客户的问题就像一团纠结的乱麻，熟练运用 MECE 分析法，能够帮助我们顺藤摸瓜找到问题的起点，而不是否认事物之间的联系。在实际应用中，每一部分的划分方法及彼此之间的联系并不是绝对的。这需要我们经过反复的推敲，最终得到适合客户需求的分类方法。

MECE 分析法是一个非常好用的逻辑思维工具。当我们在生活或工作中遇到复杂问题时，使用 MECE 分析法进行梳理，就可以得到一个脉络分明、结构清晰、角度全面的结果，从而为解决问题做好准备。

在运用 MECE 分析法时，要注意它所遵循的条件：

首先，要保持所有分类因素和对象之间的相互独立，也就是说要保证每个因素或对象之间没有交叉重叠，互相之间有明确的界限区分。

这就要求我们的思维要保持严谨，思考问题时要全面。比如：对人进行分类时，按照独立性的原则，可以分为男人和女人、已婚和未婚。但如果分为老人和成人，或者美国人和男人，就不符合 MECE 分析法了，因为这样的分类会有一部分重叠。

其次，保持分类时的完整性。也就是说，分类的过程中，不能漏掉任何一项内容，每一个因素和对象必须全部包含在内。想象一下，如果某公司想要增加利润，应如何利用 MECE 分析法进行思考呢？我们都知道，利润的公式是“利润 = 收入 - 成本”，因此最好的逻辑是从收入的增加和成本的减少两方面入手，然后具体到每一个措施，以达到增加利润的目的。这样的思考模式要比直接列举增加营销、减少投入或者裁员等措施要全面、严谨得多。

想要熟练地掌握 MECE 分析法不可一蹴而就，要经过不断地借鉴和学习，才能真正将其应用于实践。我们可以从下面几个方面着手掌握。

1. 分类目的明确

运用 MECE 分析法要谨记分类的目的，不能随便分类，否则会降低分类结果的实用性。

比如，在做客户调研时，如果调研的主题是“不同人群对化妆品的需求分析”，那么我们在分类时最好是按照性别、年龄、职业、收入等分类。这样的分类能够一眼看出不同收入群体和不同年龄层的人对化妆品的需求，这要比按照是否已婚，是否成年等内容更加有用处。

2. 分类层次明晰

当我们对问题进行分类时，如果角度不当，很容易造成结果的混淆。比如说，如果有人问你喜欢吃什么，你回答“喜欢吃水果”后又说了“喜欢吃苹果”，那么这两句话就发生了混淆和重复。

那么，到底在什么情况下才需要用 MECE 分析法呢？

当我们要对复杂问题或资料进行分门别类的时候，就会用到 MECE 分析法。如果分类没有涵盖问题的所有方面，那么最终推演出来的结论可能不全面，甚至以偏概全；如果分类后有很多重叠，那我们也就无法梳理出造成问题的真正原因。这时，就突显了 MECE 分析法分类的重要性。

根据 MECE 分析法的定义可知，我们要遵循的是各要素之间不能重复、遗漏。在这一原则下，常用的分类法有五种：

1. 二分法

把信息分成 A 和非 A 两部分。

日常生活中，这个分类方式很常见。在填写个人信息时时常会看到表格中的“男 / 女”“已婚 / 未婚”“国内 / 国外”等，这些都属于二分法这一类。

2. 过程法

按照事情发生发展的时间、流程等顺序，对信息逐一分类。

这种方法适用于汇报项目的进度中，如项目计划书、项目实施流程、产品评估报告等。很多人在日常生活当中制订的日程表，会写上解决问题的五个步骤或者实现目标的三个阶段等，这些都属于过程分类。通过过程的记录，按照任务的执行时间顺序实施更容易发现问题。

3. 要素法

这种分类方法主要用于说明事物各方面的特征，把一个整体从上到下、从内到外分成不同的组成部分。很多公司的组织架构图就是这种分类方法。

4. 公式法

按照公式设计的要素分类。

比如说，“销售额 = 单价 × 数量”“利润 = 销售额 - 成本”，这里就把销售额通过公司拆解成了单价和数量。只要公式成立，那这样的分类就符合 MECE 分析法。

5. 矩阵法

在安排工作时，我们可以把工作分成重要紧急、重要不紧急、不重要但紧急、不重要也不紧急四类。这就是四象限矩阵，矩形图表达的特点是结构简单、直观易懂。然后，我们可以把这四种分类情况填到四个象限中去，这四个象限就是 2×2 矩阵，这种分类方式就是矩阵法。

其分类关键是，要使用两次二分法。

比如，给员工布置任务，你可以先用二分法把员工分为有意愿做任务的员工和没有意愿做任务的员工；然后再从另外一个维度用一次二分法，把员工分成有能力做任务的员工和没有能力做任务的员工。接着，把这两个不同的类别交叉，即可得到一个四个象限的类别。这些类别分别是：有能力并且有意愿的员工、有能力但是没意愿的员工、没能力但是有意愿的员工、没能力并且没意愿的员工。这样得出的四项分类才是不重不漏的。

MECE 分析法不仅可以总结、归纳和整理全部的信息，还能激发大脑的思维拓展。因此，我们可以通过 MECE 分析法来整理信息并清楚地进行表达，让分类不重复，不遗漏，准确地表达出来，实现我们的逻辑思维过程。

第六章

金字塔原理，为逻辑表达助力

第一节
什么是金字塔原理

我们遇到问题时头脑里一团乱麻，提笔写文章时毫无头绪，说话演讲时语无伦次……这些问题都可以归结为：思维缺乏合理的逻辑组织结构。针对这种现象，麦肯锡公司的一位女咨询顾问芭芭拉·明托，提出了有效的逻辑思维表达结构形式，即金字塔原理。

芭芭拉·明托在其所著的《金字塔原理》一书中介绍了金字塔结构的思维方式——一种逻辑层次分明，应用结构化模式思考、写作和沟通的思维，可以帮助我们高效地提高思考和表达能力。

若想让表达有逻辑，就要做到有理有据，任何事情都可以归纳出一个中心论点，金字塔结构的目的就是为你搭建论点和论据之间的关联，为它们架构一座桥梁。

我们很容易理解金字塔的结构，位于金字塔顶端的可以是一个中心思想或者论点，第二层可以分出两个或者两个以上的分论点，每个分论点下面又可以分出两个以上的分论点或者案例来支撑上一层级的论点。以此类推，如此一层一层地衍生出来，就成了金字塔的形状。

如下图所示，自上而下，分组归纳，层级分明，逻辑上层层递进。

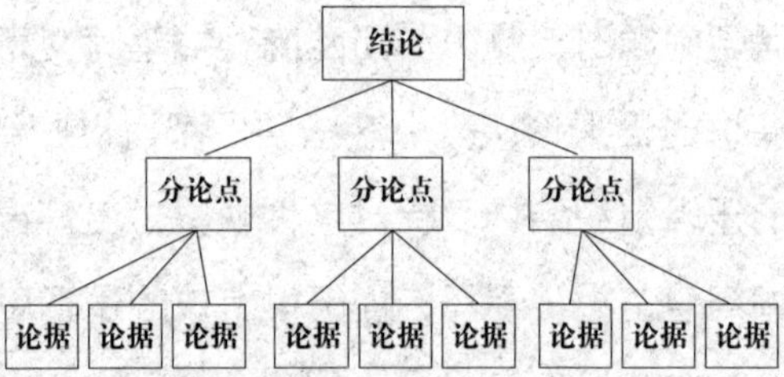

我们在了解过金字塔结构的外部特征后，再来学习内部结构。在《金字塔原理》一书中，作者总结了金字塔内部的两种结构关系——纵向关系和横向关系。

在纵向关系中，位于某一层级的论点或论据的上一层级论点是对这一层级论点的概括，而这一层级论点或论据则是对上一层级论点的解释说明。

在一次班级讨论会上，班长刘晓明提出："我们的课余生活应该是丰富多彩的。"同学王晨当即问他："什么是丰富多彩？"运用金字塔模式纵向结构，刘晓明和王晨发生了如下对话：

刘晓明说：“课余生活丰富多彩就是指我们每个人不应该只是学习，而应该有不同的爱好，做一些自己喜欢做的事情。”

王晨问道：“为什么我们要让课余生活变得丰富多彩？”

刘晓明答道：“人类需要不同层面的精神需求。培养多种多样的业余爱好，有利于调动我们的积极性，这样才能完善自身的发展，同时也有助于身心健康。”

王晨又问：“怎样让业余生活变得丰富多彩呢？”

刘晓明答道：“不要只关注学习，在课余的时候报几个兴趣班或者和朋友去郊外玩耍……只有眼界开阔了，心胸才会变得宽广，生活自然会丰富起来。”

纵向逻辑关系迫使你理清自己的思路，层层递进，在“疑问—回答”的关系中清晰完整地表达出自己的观点。

在横向关系中，金字塔原理要求每一层级的论点或论据必须属于同一逻辑范畴，并且每层级每组中的论点或论据必须按一定的逻辑顺序组织表达。

组织结构的逻辑顺序，既可以是自上而下的形式，即先有上层的结论，再梳理下层的论据；也可以用自下而上的形式，先把下层各种论据汇总，再总结出上层的结论。

金字塔结构的逻辑顺序主要有以下四种：

1. 时间顺序

按照事件发生的先后顺序，对问题、事件进行分析，或者是按照采取行动的顺序依次表述达到某一结果必须采取的行动过程。

时间顺序的逻辑结构是我们生活中常见的一种表达方式。例如，在媒体的新闻报道中，记者在对某一事件进行报道时，经常会按照事件发生的先后时间来说明具体情况。尤其是在体育赛事的解说中，上半场和下半场的报道是最明显的时间顺序应用。

2. 空间顺序

空间顺序是指从不同的空间维度建立的逻辑顺序。当需要描述一个组织结构时通常采用空间顺序。

比如说，你想开一家公司，有了创业资金后，首先要做的就是规划公司成立之后的各个职能部门。根据你所创建公司的主营业务，确立了研发部、技术部、人事行政部、宣传部、市场部、财务部等，每个部门均有具体的相关职能。

3. 重要性顺序

指对一组具有某种相同特征而被聚集在一起的事务所采用的顺序。

在排序时一般采用“先强后弱”或者“先主要后次要”的顺序。

简单来说，在公交车或者地铁上我们经常会看到“老弱病残孕专座”的标识，帮助这一群体优先落座就是一个按照重要性顺序处事的逻辑过程。同理，在社交场合中女士优先的礼节，也是一种重要性顺序的逻辑过程。

再比如，某家公司最近一段时间的经营状况不是很理想。公司领导开会讨论后表示，导致公司经营不善的问题有三个：其一，公司人员流动太大；其二，公司的支出大于收入；其三，员工积极性不高，甚至某些员工还因为工作懈怠而酿成事故。

这三个问题在重要性上是有共同特性的，但是它们三个的重要程度却不一样。因此，公司领导就可以依据重要性给这三个原因重新排序，然后从最重要的问题开始着手解决，这就是重要性顺序的逻辑思维。

4. 逻辑演绎顺序

即我们常说的三段论，“大前提 + 小前提 + 结论”的模式。

接下来，我们来看一个逻辑学上经典的三段论：

大前提：所有人都会死；

小前提：苏格拉底是人；

结论：苏格拉底会死。

在逻辑演绎顺序推理的过程中，很重要的一点是，推论中的小前提必须是对上一个大前提的主语或谓语的评述，否则就会容易造成推理谬误。

比如下面的推论：

大前提：所有的素食主义者都不吃牛肉；

前提：小明不吃牛肉；

结论：小明是素食主义者。

这一推论显然是不合理的，小明虽然不吃牛肉，但并不代表他是素食主义者。这里的小前提并未对大前提的主语“素食主义者”或谓语“不吃”做出评述，因此导致推理结论出现谬误。所以，演绎推理的顺序层次分明，逻辑严谨，所得出的结论更容易让人信服。

表达是每个人正常的欲望需求。如果表达得不理想还可能引起别人的反感，有时甚至会产生不必要的隔阂。在表达前想清楚，表达时说明白，是我们不断的追求。

毕竟，在时间如金钱的现代社会，没有人愿意把时间浪费在不知所云的表达上，“逻辑不清晰，条理不分明”的沟通方式不仅浪费时间，也会让沟通对象对你产生不好的印象，影响你以后的社交。关于这一点，有效使用金字塔结构会对你的表达大有裨益。

以结果或结论为导向的思考、表达过程是开门见山的叙述方式。运用这样的叙述方式在刚开始交流时就会抓住对方的眼球和神经。接下来，在结论中适当延伸出新的论点或论据。这样能够让我们更有逻辑有组织地表述思想内容，使对方可以更好地接收我们想要表达的信息。因此，金字塔结构可以说是我们整理内容、逻辑思考、表达思想的方式之一。

第二节
为什么要用金字塔结构

为什么沟通交流时需要用金字塔结构？金字塔结构的优势是什么？

其实，当我们提出一个论点后，大脑会自动将接下来需要做的论述当作支撑该论点的论据。但如果我们先说出论据，最后再得出论点，大脑很可能不清楚你想要表达什么。毕竟人脑的记忆力是有限的，往往记得最清楚的就是最开始所说的话。

生活中，大家应该都经历过这样的事情：

周末，妻子正在家里做家务，丈夫对她说："亲爱的，我想去买份报纸，有什么要我帮忙买的东西吗？"

妻子一边拿着衣架晾衣服一边说："太好了，家里的糖快没有了，你也买一点回来吧，还有我现在特别想吃苹果，然后你再买袋牛奶。"

丈夫从衣架上拿下外衣，正要穿上，听见妻子又说道："等我再看一看，家里已经没有鸡蛋了，还有西红柿，今天我准备做西红柿炒鸡蛋。”

丈夫穿上外衣向门口走去，妻子的声音再次传来：“再买些胡萝卜，还有葡萄也买点。”

丈夫打开房门，问妻子：“还要买别的吗？”

妻子说道：“还有咸鸭蛋、芹菜，最好再带一袋盐……就这些了。”

一个小时之后，丈夫回到了家，妻子发现他只买了报纸和糖。

这个故事听起来好像很好笑，但是，无数事实告诉我们：大脑的记忆力远没有我们想象的那样牢靠。

《金字塔原理》中明确指出：人类大脑的短期记忆无法一次性容纳约七个以上的项目，其中比较容易被记住的项目只有三个，最容易被记住的项目只有一个。这意味着，当大脑发现需要处理的项目超过四个或五个时，就会开始将其归类到不同的逻辑范畴中，以便记忆。

当我们听到这么多种食品的时候，如果使用金字塔原理进行整合分类，那么思维将会更有逻辑，更清晰。首先，让我们的大脑自动找出这十种食品之间的逻辑关系，将它们进行抽象地概括，分成四组：

第一组为蛋奶制品：牛奶、鸡蛋、咸鸭蛋；

第二组为水果：苹果、葡萄；

第三组为蔬菜：西红柿、胡萝卜、芹菜；

第四组为调味品：糖、盐。

在这个过程中，实际上我们的头脑中已经建立起了金字塔的逻辑结构图。如下所示：

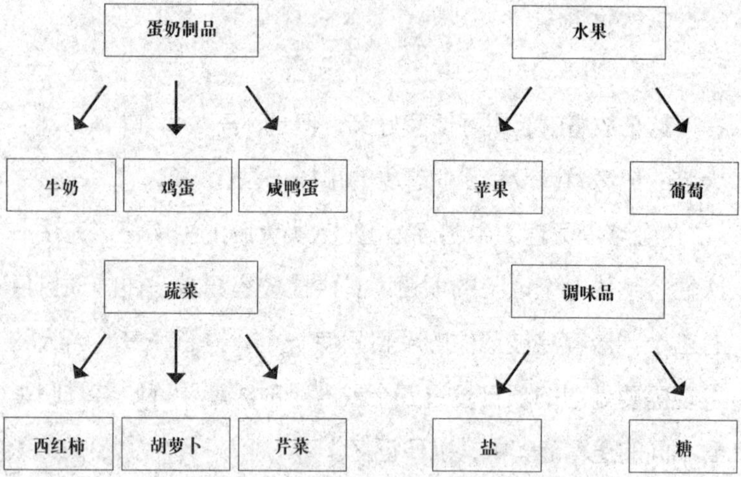

这样，我们就无须分散地记住这十种食品，仅需记住十种食物分别属于的三个组别，按照每组的类别记忆，不但减少了大脑的负担，同时也锻炼了我们的思维的逻辑。

由以上事例可知，金字塔原理符合人类思维的基本规律。对大多数人来说，大脑的记忆和理解都比较短暂。我们每天要接收和处理很多信息，当新的信息来临时，大脑首先会自动对其进行判断，然后将其中有共性的事物进行组织或者归类。一般而言，组织或者结构混乱的信息会增加大脑处理的时间，也极有可能让大脑对信息做出错误的判断。只有条理清晰，表达明确才能被人们准确地接收。因此，预先将信息整理归纳到金字塔结构中，更容易被人理解记忆。

根据金字塔结构的纵向关系可知：上一层级的思想可以引导受众，向下一层级展开疑问并做出回答，可以以此来吸引读者的注意力，同时论述也会更加有条理和逻辑。

如果你不确定你的思维是否具有逻辑性，那么金字塔结构是检验思维的有效性、论题的一致性和论证过程完整性的有效途径。它不仅可以发现你在论证过程中遗漏的部分，还可以创造性地扩展你的思路。你可以将金字塔原理应用于问题的解决、口头的演讲和书面的表达上。

在应用实践上，可以说金字塔结构是一个极其重要且效果明显的方法论。当你面对一个毫无头绪的问题时，可以尝试从下到上的逻辑顺序，从收集论据开始，推断和归纳出中心问题，从而逆向建立金字塔。有了这个大致的方向，问题就能得到有效的解决。

如果你是一位领导者，那么金字塔结构还能帮助你管理下属，并且建立一个坚实的工作团队。

张子飞是某公司的总经理，目前该公司准备进行技术革新，考虑花费一千万元引进一项新的网络技术，但是由于投入资金过多、项目风险不好把控、未来前景模糊等问题一直迟迟没有执行。作为公司的决策人，张子飞在公司议会上让各部门发表意见，最终决定是否对该技术进行投资引进。

在项目会议上，各个部门的领导都发表了自己的意见。

宣传部小王说道："我们咨询了这方面的很多专家意见，也参考了一些媒体报道和学术论文，综合判断这项技术目前已经很成熟了，引进之后应该会对公司的发展有好处。"

财务部小金认为："一千万元的投入虽然数目不小，但是依公司目前的资金来看，是可以支持的。"

研发部小姚表示："目前，其他竞争公司在这个技术上都有了新进展，其成本在不断地降低，所以我认为我们前期的投入在后期会取得成效。”

市场部小赵说道：“根据市场部最近的调研我们可以得知，如果不进行技术研发和革新，那么公司在未来的一到两年内就会被市场所淘汰。”

根据各个部门的意见，张子飞做了如下的金字塔结构图：

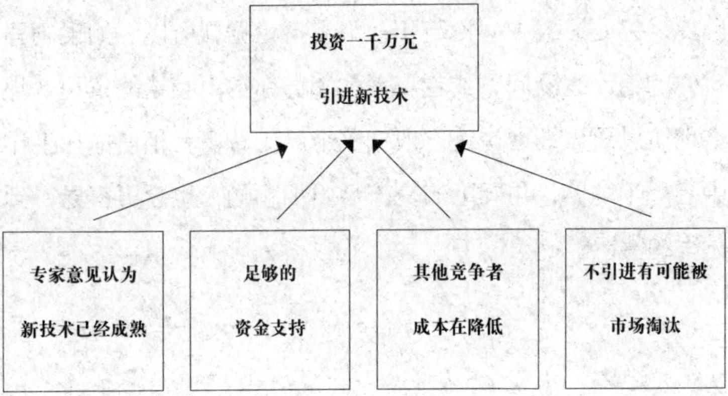

由此可见，利用金字塔结构对意见进行梳理和组织后，思路会清晰很多。作为一个领导，你有很多的下属，对于公司的某个决策或者问题，你可以提出假设，然后迅速列出几个支持的论据，分别交代不同的下属去验证。几天之后，你就可以根据下属提交的报告，对问题的论证进行汇总排列，看看哪几项措施或者结论比较有实用价值。这一过程其实就是建造“金字塔”的过程，这样管理起公司和员工来是最省时省力的。

如果你是员工，也可以用这样的方式解决问题。当你的“金字塔”搭建完成，就可以根据具体情况，从金字塔的塔尖向领导汇报工作。领导的时间都非常宝贵，他们需要的是问题的解决结果，而不是长篇大论地给他们讲述解决的过程。因此，只要汇报中心论点和一级支持论据就可以。如果领导对你的结论有疑问，或者有兴趣知道你得出结论的过程，那么你可以再详细地讲述。根据这个原则做事，相信你在工作中会事半功倍，与同事的交流会更加顺畅，也会更容易得到领导的赏识。

第三节
逻辑表达中构建金字塔的原则

金字塔原理所遵循的原则是：结论先行，自上而下，分组归类，逻辑上层层递进。

结论先行就是要求我们先归纳出中心思想或结论，直接在对话开始时表达出来，一般来讲每篇文章只有一个中心思想，并且放在文章的最前面；自上而下就是每一层次的思想必须是对下一层思想的总结概括；归类分组就是每一组中的思想必须属于同一个逻辑范畴；逻辑递进就是每一组中的思想都要按照逻辑递进的顺序来组织。

我们可以根据金字塔原理得出："任何事情都可以归纳出中心论点，中心论点可由三至七个论据支撑，每个一级论点可以衍生出其他的分论点。"如此发散开来进行逻辑表达，就可以形成金字塔结构思考方式。

具体到应用模式上可以发现，从上向下的表达可以充分展现思考的深度。先抛出假设性结论，然后用数据、事实证明这个假设，可以使得论证更具有说服力。在金字塔顶端的论点是文章或者演讲中最为重要的主题，因此要把它明确且直白地表达出来，不能含糊其词，否则容易对后续的论证造成不必要的干扰。对信息进行筛选分类，归纳出要点，可以增强信息传递的效果。采用不同的分析方法、不同思维方式也可以帮我们充分展现思考的广度。

金字塔结构可以说是有固定结构的模式，类似于写作中常见的三段论。有的人可能觉得这样会让表达有些刻意的成分，实则不然，因为金字塔结构只是我们写作或者说话的框架，但是在框架的基础上需要填充的内容是因情况而异的，这就要求我们灵活运用这个模型。

自上而下构建金字塔的主要步骤有：

（1）确定主题结论；

（2）根据结论设想主要的疑问；

（3）写出对疑问的解答；

（4）说明事件或者论点产生的背景；

（5）检查主要疑问和答案，这样就基本完成了金字塔的构建。

采用自上而下的方式进行表达，首先需要写作者提前设想自己想要表达的重点是什么，这时需要先确定一个中心主题；然后再围绕这个中心主题寻找三个子主题；接着为三个子主题寻找支撑说明的案例。

所谓的中心主题就相当于一个组织机构中的最高领导者。若要建立一个组织，需要选三个人，将其任命为部门部长。每个部长需要发展小组成员，建立自己的小组。于是，这三个层级就分别是中心主题、子主题和案例。

简单来说，自上而下构建金字塔结构的方式，就是将明确的主题用演绎的方式，细分出若干个子主题，然后再为每个子主题找几个案例或者素材，以证明子主题观点的正确性。

在金字塔结构中，要注意横向思维和纵向思维的运用。其中，每组思想必须属于同一逻辑并按同一逻辑顺序排列，否则就不能称之为“严格的金字塔结构”。

具体来讲，我们可以遵循“三一原则”，即指一个中心，三个基本论据。三个基本论据中的“三”是人们可以掌握的论据数量。这三个论据既能充分地说明要表达的观点，又不会让受众觉得冗长赘余，枯燥无味。

许多演讲高手也深谙此道，如马克·吐温、林肯、乔布斯。乔布斯在斯坦福大学发表的演讲时，为台下的学生和老师们讲了三个故事，这三个故事串联起来后，所表达的主题就是：听从自己内心的声音，做自己想做的事。

用构建金字塔结构的方式，刻意去练习自己思考和表达问题的深度和广度。当你要表达或写作一个论题的时候，请至少保证有三个基本论据来支撑你的论点。前期你可能会因为不适应而感觉疲倦，但适应后就会感到逻辑思维的迅速提升，并且会产生厚积薄发的力量。这就是从量变到质变的飞跃过程。

在确定了表达结构框架的前提下，我们要做的就是用流畅的语句和真实的论据呈现出你所要表达的思想。这要求我们细致入微地把握思维的细节。思考逻辑的关键之处在于怎样应用逻辑顺序，我们在前文中已经了解到金字塔结构中要遵循时间顺序、空间顺序、重要性顺序以及逻辑演绎顺序，所以这一步就要根据论题的性质和需要，选择一种恰当的结构顺序，对逻辑思维进行表达。建立并使用清晰的分析与思考结构，是保证思考逻辑正确的关键。将思考的内容结构化，利用框架组织分析问题，可以明确思考的路径。

在应用逻辑顺序进行分析表达之后，需要概括各组的具体分论点，这一步往往为大多数人所忽略。概括各组的分论点，可以给受众以明确的指导。比如说，“单位应当确立明年的三个主要任务”就属于缺乏思想的阐述，换一种表述为“单位应当从发行、财务、行政三个部分确立明年的主要任务”就属于有思想的阐述了。因为后者的表述更为具体直观，所以明显对受众更能产生吸引力。

缺乏思想的语言对受众而言是索然无味的，它会掩盖你思考不完整的事实，使你丧失富有逻辑性和创造力的思考的绝好机会。

其实，我们的思维主要有两个方向，即发散思维与收缩思维。

发散思维是指大脑在思考时所呈现的一种扩散状态的思维模式，这种思维模式可以开阔我们的视野。随着不同程度的思考，我们的思维会呈现出多维发散状，如“一题多解”“一事多写”“一物多用”等，都是在培养发散思维的能力。心理学研究表明：发散思维是创造性思维的最主要的表现，是测定创造力的重要标志之一。

收缩思维是将信息范围缩小，排除无关或次要因素，保证思维的重点。发散思维与收缩思维通常结合使用，一个负责铺开，一个负责收紧。

在提出问题之后，解决问题是我们表达的最终目的，灵活运用金字塔结构能够帮助我们在解决问题的过程中，从多维度分析事件，使你思路清晰地抓住主要矛盾，解决主要问题。

一般来说，解决问题的过程主要有四步：发现问题——结构化分析问题——提出假设——验证结论。

《金字塔原理》一书中指出："提高解决问题效率的秘诀在于界定问题的准确性和搜集数据的条理性，这两个内容都离不开结构化分析。"结构化分析是解决问题的核心步骤，常用的结构化分析框架主要有流程图、逻辑树、矩阵图、思维导图等。值得注意的是，我们不能盲目地解决问题，要先思考产生问题的原因，再进行资料的搜集工作，这样既可减少资料搜集时间，又能提高资料搜集效率。

总之，金字塔结构指出了我们的思维方式所存在问题，告诉我们如何建立合理的金字塔思维结构。金字塔原理可以应用在工作的方方面面，具有十分重要的指导意义。

总而言之，金字塔原理主要有三点：

（1）提炼中心思想，结论先行；

（2）分类组织材料，找到某种内在联系和逻辑；

（3）疑问回答沟通。先让受众认可你的设问，然后快速提供回答，节约受众思考时间。

第七章

逻辑思维表达中的诡辩

第一节
什么是诡辩

逻辑表达中有一项非常“狡猾”的辩论方式——诡辩。诡辩论虽然本身也是一种方法论，但不是普通的论证，而是歪曲事实的论证。诡辩既不同于武断，也不是造谣生事。如果说武断地下结论是毫无根据和理由地空口说白话，谣言是以讹传讹、无中生有的捕风捉影，那么诡辩与它们二者相比就是看似有理有据，有时还能举例论证观点，但谨慎思考后就会发现，所谓的“道理”不过是强词夺理的狡辩。

究竟何谓“辩”呢?

《说文解字》中有云:“辩，治也，从言在辡之间。”而《墨经·经上》写道:“辩，争彼也。辩胜，当也。”这里的“彼”是指辩论的对象，所争论的命题或论点。“辩”即是对彼进行争论，或谓之是，或谓之非。举例来说，一头羊在论证中就是“或谓之羊，或谓之非羊”。论断与实际情况相符就是所谓的“当”。

除了上述含义，“辩”还有花言巧语之意。《老子·八十一章》中记载:“辩者不善，善者不辩。”《管子·法禁》有云:

“行辟而坚，言诡而辩。”这里的“辩”是指巧辩，它的含义已经与欺诈、奸猾的“诡”结合在了一起。

到了汉代时，史学家司马迁所著的《史记·屈原贾生列传》有云：“（张仪）如楚，又因厚币用事者臣靳尚，而设诡辩于怀王之宠姬郑袖。怀王竟听郑袖，复释去张仪。”这段话的意思是，善于游说的纵横家张仪来到了楚国，用重金贿赂楚怀王的重臣靳尚，让靳尚在怀王宠姬郑袖面前编造谎言。怀王竟然听信了郑袖的话，放走了张仪。这里的“诡辩”是“制造谎言”的意思。由此，“诡辩”逐渐衍生出颠倒黑白、混淆是非、强词夺理等意思，也就是我们今天所说的含义。

德国哲学家黑格尔曾指出：“诡辩这个词通常意味着以任意的方式，凭借虚假的根据，或者将一个真的道理否定了，弄得动摇了；或者将一个虚假的道理弄得非常动听，好像真的一样。”黑格尔的这段话，直白地揭露了诡辩论有意以黑为白、颠倒是非的特点。

两个中学生向他们的老师请教问题，问道：“老师，究竟什么叫诡辩呢？”这位教授哲学的老师并没有直接回答这个问题。他稍稍地思考了一下，然后说：“有两个人来我家里做客，一个人看起来很干净，另一个看着却很脏。我请这两个人去洗澡。你们想想，他们两个人中谁会去洗呢？”

两个学生不约而同地回答：“那还用说，当然是那个脏的人。”

“不对，是干净的那个人。”老师反驳说，“因为他已经养成了洗澡的习惯；脏的人认为根本没有必要去洗澡。你们再想想看，究竟是谁洗了澡呢？”

“干净人。”两个青年人这次改口说。

“不对，是脏的人，因为他需要洗澡；而干净人身上干干净净的，根本不需要洗澡。”老师又反驳道，然后，他再次问道，“如此看来，到底他们两人中谁洗了澡呢？”

“脏的人。”学生想了想还是重复了第一次的回答。

“又错了，当然是两个人都洗了。”老师说，“干净的人有洗澡的习惯，而脏的人需要洗澡。这下，你们知道了吗，他们两人到底谁洗澡了呢？”

“那就是两人都洗了。”学生犹豫不决地回答。

“不对，两人谁都没洗。”老师又解释说，“因为脏的人没有洗澡的习惯，是不会去洗的；而干净的人觉得自己不需要去洗澡。”

“有道理，但是我们究竟该怎样解释呢？”两个学生不满地说，“你讲的每次都不一样，但是好像都有道理。”

“正是如此，你们看，这就是诡辩。”

根据以上的事例，我们可以发现：在论证一个问题时，诡辩论者总是会以自己的主观意识为转移，一会儿说对，一会儿说错。诡辩者以片面、表象，甚至是不相干的一些事例制造虚假的逻辑关系，为其荒谬的言论制造一种谎言式的推理形式，而不是如实地、以有力的逻辑思维揭示事物的内在联系。

甲乙两人在对话。

甲说：“老张和老李在工作中配合得很好，没有发生过矛盾。”

乙说：“谁说没有矛盾！”

甲说：“请你说出他们有矛盾的根据。”

乙说：“没有矛盾就没有世界，任何事物都存在着矛盾。他们两人怎么会没有矛盾呢？”

很明显，这段对话中二人说的“矛盾”分别是不同的意思，甲所说的“矛盾”是指日常生活中人们之间的摩擦和不团结的现象，而乙所说的“矛盾”是矛盾在哲学上的含义，指的是客观事物和人类思维内部各个对立面之间的互相依赖而又互相排斥的关系。因此，乙把甲说的“矛盾”含义偷换了概念，这是明显的抬杠。

诡辩论看似有些胡搅蛮缠，但其实它也是有一定的哲学根源的，它的依托就是哲学上的相对主义。马克思主义哲学认为，相对之中包含着绝对，绝对存在于相对之中。因此，相对与绝对是对立而又统一的。两者不能顾此失彼，如果离开绝对只讲相对，就会夸大相对性，陷入相对主义的误区。诡辩论者往往会片面夸大主观认识能力的相对性，从而否认认识的真实性和可能性。《庄子·齐物论》所言“是亦彼也，彼亦是也；彼亦一是非，此亦一是非”，即是如此。

《艾子杂说》中有这样一个故事：

一位营丘人，学识浅薄，不通事理，却总喜欢跟人家争论。一天，他询问艾子：“大车下面和骆驼的颈项上都挂着铃，这是为什么？”

艾子说：“大车和骆驼都是很大的东西。它们在夜里行走，如果有人突然狭路相逢，来不及避让就会出事。

挂上铃铛，有了‘叮当叮当’的响声，双方就能提早准备让路了。”

营丘人说：“塔的上面也挂着铃，难道也是为了叫人准备让路吗？”

艾子笑着说：“你这个人不通事理到了这个地步啊！鸟雀喜欢在高的地方筑巢，鸟粪会把高塔弄得很脏。塔上挂了铃，风一吹，铃铛一响，鸟雀就会被吓走了。你怎能拿它同大车和骆驼上的铃铛相比呢？”

营丘人还要争辩：“猎人养的鹞鹰尾巴下也挂着铃，哪有鸟雀到鹞鹰的尾巴上去做窝呢？”

艾子大笑说：“你这个人呀……鹞鹰出去捉鸟雀，它脚上系着绳子，有时会在树枝上缠住，如果它一扑翅膀，铃就会叮当响起，人们就可以循着铃声去寻找。你怎么能说是为了防鸟雀来做巢呢？”

营丘人仍然争辩道：“我曾经见过送丧的挽郎，手中摇着铃。嘴里唱着歌，难道也是因为怕绊在树枝上吗？”

艾子有点气恼，不想跟他再争辩下去了，就说：“那挽郎是给死人开路的。因为这个死人生前专门喜欢跟人争辩，所以摇铃让他乐一下！”

人的意识是极为复杂的活动。在大脑的认知中，会产生正确和错误两种不同的结果，前者即为真理，后者则是谬误。真理和谬误之间存在着对立统一的关系。

同样是对真理的歪曲，诡辩和一般谬误的重要区别在于：诡辩是有意而为的争辩歪曲，而谬误大多数不是故意为之，大都是因为认知水平不到位所造成的。

俗话说："有理走遍天下，无理寸步难行。"只有掌握了真理的人，才能受到人们的掌声与尊敬。那些毫无道理可言又希望能引起他人关注的人，只能施展种种诡辩法，玩弄歪曲真理与掩盖真理的种种骗人把戏，为某种言行强行寻找说辞和理由，最终只能贻笑大方。

第二节
诡辩的手法

著名的思想家列宁曾经说过："哲学唯心主义的变种，可能有一千种色调，并且随时可以创造出一千零一种色调来。"善于诡辩的人为了达到诡辩的目的，所采取的方法是多种多样的。如果说事实只有一个，那么歪曲事实的形式却可以有几十种、几百种，甚至几千种。可以说，每一种错误命题的提出，都是用了某一种诡辩手法的。我们要真正反驳诡辩，必须学会分析诡辩手法。

1. 含糊其词、模棱两可的诡辩

我们先看一个关于"模棱两可"的逻辑故事：

唐朝有个宰相叫苏味道，曾任中书侍郎、集州刺史、吏部侍郎，又两度跻身相位。他善于写诗，对唐代律诗的发展起到了不小的推动作用，但是苏味道的为人却多被人诟病，他处世相当圆滑，遇事经常因为怕得罪别人而不表态。

据说，他刚任宰相的时候，部下向他请示："现在有很多急事，大人您看怎么办？"苏味道不置可否，只是用手摸着胡床（即交椅）的棱。

《旧唐书·苏味道传》中曾记载了苏味道的做事方法："处事不欲决断明白，若有错误，必贻咎谴，但模棱以持两端可矣。"这句话的意思是："处理事情的时候不要决断得太清楚明白，如果处理错了，必然会遭到追究和谴责。但是，模棱两可的做法就可以让两边都抓不着小辫子了。"

苏味道的处事法就是含糊其词的表现。具体指的就是故意把话说得不清楚，不对事件做出明确的判断。英国著名思想家弗朗西斯·培根曾经说过："在所有的诡辩中，含糊其词、模棱两可是最高明的诡辩。"诡辩者认为：只要不明确表态就不容易落人口实，也就明哲保身，两边讨好。这种做法看似聪明，其实愚蠢至极。他们想用模棱两可的话来逃避责任，最后的结果很可能是"聪明反被聪明误"。

有一则寓言故事，说的也是这个现象：

一户财主家中生了个小孩，财主很开心，抱着孩子到处告知街坊邻里这件美事。

有人看到这个小孩，对财主说："这个小孩看上去很聪明，长大之后一定是个人才。"财主听了这话非常高兴，立马奖励给他一笔钱。

财主又碰上另一个人，那人看着小孩说："这个小孩看着病恹恹的，很可能会早夭。"财主听了这话很是生气，一怒之下把他揍了一顿。

第三个人吸取了上一个人的教训，但是他不愿意违心说好话，又怕说了坏话挨打。于是，他既没有对财主说夸耀孩子的话，也没有说孩子不好的话，而是用"今天天气真好"之类的话搪塞了过去。于是，财主也对他哈哈大笑了一番。这个人就这样免受了皮肉之苦，又没有说假话。

这就是模棱两可的语言表达习惯。很多人因为各种原因，不愿意对一件事情给予是与非、错与对的判断，经常导致事件无法最终定论或者没有准确的讨论结果。在我们处理问题时，这是非常不严谨的做法，而且十分浪费时间。

似是而非的回答会导致事情得不到解决。比如说，在职场讨论会中，一位经理针对是否应该增加员工岗位这一问题，在会上发言道："就公司目前的发展状况而言，我认为增加员工岗位可以提高公司的办事效率，但是岗位多了之后人工成本也会相应增加，以公司目前的经济状况来说，不太能承担，所以这个问题有待考虑……”这位经理说了半天，既没完全赞成增加岗位，也没有不赞成增加岗位，始终没有表明态度，让与会的其他人听得云山雾罩，摸不着头脑。

有个媒人很会说媒，曾经在给一对男女说媒的时候，她对女方说：“这个男人可是过日子的一把好手。”女方听了媒人的话很是高兴，于是同意见面。媒人又对男方说：“这个女的什么都好，就是嘴有点不严。”男方听了这话以后觉得，女人喜欢说点闲话也没什么大不了，于是也同意见面。

在媒人的安排下，他们二人相亲见面时都只是远远地互相望了对方几眼。只见，那个男人身高八尺，背着一只手，看上去气宇轩昂；那个女人则是手拿手帕捂着嘴，低着头显得有点害羞。见完之后，双方都表示很满意，几天之后两人结婚入了洞房。

然而，等到入洞房的时候，这个男人才发现那位“有点害羞”的女人原来唇裂，而那个女人也发现这位“气宇轩昂”的男人一只手有残疾。第二天，两人非常气愤地去找媒人要个说法。那位媒人却理直气壮地回答说："我已经清楚地告诉你们了，男的是'一把好手'，女的'嘴有点不严'，并且你们也是互相见过面才同意这门亲事的，现在怎么怪起我了？"

媒人确实没有胡说，但是她在介绍男女双方情况的时候，却利用了语言的模糊性，故意含糊地使用说辞，使得双方所下的判断失去了准确性，造成了误会。

在很多情况下，诡辩者故意违反论题要明确的原则，使得论点意思不明，似是而非，企图在不同的情形下做出不同的解释。算命、相面、占卜等人士经常会使用这种模棱两可的做法，以此骗取他人的钱财，因为含糊不清的话语正说也行，反说也通，怎么解释都好像很有道理，却经不起仔细地推敲。

这种诡辩的方法常被用来回避明确的回答。例如，古代的人们对生死非常在意，经常有人去找算命先生问询运势、生死等大事。算命先生在回答夫妻生死的问题时，常用"夫在妻先亡"一句含糊搪塞。这就是个典型的模糊论题、含糊其词的诡辩，可以说是一种地地道道的诡辩术。

因为它可以根据断句的不同而产生两种解释：一是，夫在，妻先亡；一是，夫，在妻先，亡。因此，在辩论中，如遇有这种支吾不清、含糊其词的情况，应要求对方做出明确肯定的答复，才不会被诡辩者欺骗。

2. 偷换概念、偷换论题的诡辩

欧布利德斯是古希腊著名的诡辩家。一次，他对一个人说："你没有失去的东西，就是你拥有的东西，对不对？"那人回答："当然对呀。"接着，欧布利德斯又说："你没有失去头上的角，那你就是头上有角的人了。"那个人听了欧布利德斯的话，感到莫名其妙，知道自己受了愚弄，但是又说不出所以然来，不知道怎样反驳欧布利德斯。

没有失去头上的角就等于头上长了角吗？答案当然是否定的。欧布利德斯的诡辩就在于，他所说的"你没有失去的东西"是指原来就有的东西，而后边他说的"你没有失去头上的角"指的是从前没有的东西。而从没有过的东西是不存在"失去"或"没有失去"的问题的。这两者在概念上是不同的，在欧布利德斯的这则辩论中，"没有失去"前后表达的是两个不同的概念，如此混淆使用就犯了偷换概念的错误。

当有人说欧布里德说谎时，他还狡辩说："谁说谎，谁就是在说不存在的东西，不存在的东西是没办法说的，因此没有人说谎。"

在这里，欧布里德同样用了混淆概念的方式来掩饰自己的诡辩。"谁说谎，谁就是在说不存在的东西"，这句话中的"不存在的东西"指的是说谎者所说的不符合实际、胡编乱造的内容；而后一句的"不存在的东西是无法说的，因此没有人说谎"，这里所说的"不存在的东西"是指世界上根本不存在的东西。所以，思维中无法想象得到，语言上也无法加以描述说明。因此，很明显前后两句中的"不存在的东西"是不同的两个概念。

我们常说的偷换概念，很多时候是指诡辩者故意在概念上玩文字游戏，这是他们惯用的伎俩。通常诡辩的方法有，利用语义中的一词多义混淆不同的概念，或者词组的形式相同但是表达的含义不同导致的概念混同现象。比如说，下面这个事例：

某公司老板看见员工小李在楼道里抽烟，十分很生气地对小李说："公司有规定，员工在工作的时候不允许抽烟，你难道不知道吗？”

小李满不在乎地回答：“那么，请问我什么时候可以抽烟呢？”

老板说道：“在你不工作的时候。”

小李说道：“好的，所以我现在并没有工作呀。”

这个事例中，可以得知“不工作的时候”可以理解为两种含义：一是非工作的时间；二是在工作时间内，但是没有在工作。很明显，小李就是钻了语言上的漏洞，故意混淆语义，把领导所说的第一层含义强行理解为第二层含义，用“现在并没有工作”来强词夺理。

在我们的日常表达中，概念不清导致的事情比比皆是，有些虽然不是故意为之，但是也会造成听者的不解和疑问。我们在书写报告或者文章时如果不注意用词的规范，就很可能在语义表达上出现问题。

偷换概念有几种明显的表现形式：

（1）运用偷梁换柱的办法，偷偷改变一个概念的内涵和外延，使之悄悄变成另外一个概念。

（2）抓住概念之间的某种联系或相似之处，抹杀不同概念之间的根本区别。

（3）混淆集合概念与非集合概念，集合概念反映的是一类事物的整体属性，而非集合概念反映的是组成一类事物的每个分子的属性。

《吕氏春秋》中记载了这样一则“澄子夺黑衣”故事：

有个宋国人叫澄子，他不知道在什么地方丢失了一件黑布做的上衣，便上街去寻找，找了很多地方都找不到那件黑色的上衣。

澄子很生气，他一边走，一边琢磨着怎样才能补救自己的损失。碰巧这时候，他看见对面有位妇人穿着一件黑色的上衣向他走来。澄子不由分说地将那妇人一把抓住，一边拉扯那妇人的衣裳，一边气愤地对妇人说道：“刚才我丢失的黑衣服，原来是被你拿去了！”

那妇人被澄子扯她衣服的举动吓到了，急忙解释道：“这件衣服是我亲手纺的线、织的布，又亲手剪裁、缝制而成的。它的长短、大小是按照我的身材制作的，虽然您丢的也是一件黑衣服，但是怎么能说就是这一件呀！”

妇人的声音听起来虽然有些柔弱可怜，但是却句句在理。澄子想：如果把一个妇人的衣裳硬说成是自己的，拿到手之后自己却穿不上，那岂不是别人看了笑话，很荒唐?

于是，澄子立刻转换了一个话题，但是仍然气势汹汹地说：“我丢失的是一件夹衣，而你身上穿的这件是单衣。你用一件单衣抵我一件夹衣，难道还不是便宜你了吗？”

澄子的理论确实让人觉得十分荒唐，“因为我丢了一件黑色衣服，所以你这件黑色衣服就是我的”，这种思维方式显然是一种“因为什么就是怎么”的强盗逻辑，而这种杜撰出来的因果联系，恰恰就是论据与论题不相干的偷换论题的诡辩。

偷换论题和偷换概念常常是联系在一起的。在论证过程中，故意违反论题要明确、同一的规则，偷偷地转移论题。一般来说，偷换论题常常表现为偷换论题中的某些重要概念。

在一个完整的辩论中，所有的论证都由论题、论据和论证方式三部分组成。论题是论述者所主张并加以辩证的命题，也就是论述题目中的观点。后续的论证都是为了对它的真实性或虚假性做出确定的判断；论据是指用来证明论点真实或虚假的判断，它是一个论证的根据；论证方式则是论题与论据之间的联系方式，这种联系方式不能凭空捏造，必须要符合一定的逻辑才行，否则很难对论题的真假做出判断。如果违反了上述要求，就要犯“虚假论据”的错误和“论据推不出论题”的错误。

3. 其他形式的诡辩

（1）虚假论据的诡辩。

虚假论据的诡辩是指故意违反论据要真实的规则，用编造的例证、虚假的判断或错误的原理作为论据，论证错误的论题。在论证中，论据是论证论题真实性的根据。凡是正确的论证，论据一定要真实可靠，应当是经过实践检验了的真理或是真实的判断。如果违反了这一规则，在论据不真实的情况下，以虚假的判断作为论据，那么论题的真实性就很难得到证明。

例如，几年前网上有很多关于“读书无用论”的文章引起了人们的广泛关注，这些文章凭借很多大学生、研究生或博士生，走出象牙塔后找不到工作，甚至回家“啃老”的状况，来论证“读书无用论”。这些论据的真假性先不去判断。很多时候，并不是他们找不到工作，只是工作离预期的差距比较大，不愿意选择而已。所以，以此来证明读书无用是毫无根据的。论据是论证的基础，论题的真实性依赖论据的真实性，存在虚假论据，论证必然是不能成立的。

（2）循环论证的诡辩。

循环论证是指论题的真实性是要靠论据来证明的，而论据的真实性又要靠论题去证明，如此循环往复。

在循环论证中，论证的前提就是论证的结论，因此又称为“先定结论”。

> 一个瘦人和一个胖人在聊天。
>
> 瘦人问胖人：“你为什么长得胖？”
>
> 胖人回答：“因为我吃得多。”
>
> 瘦人又问胖人：“你为什么吃得多？”
>
> 胖人回答：“因为我长得胖。”

互为因果的表现形式为“因为A，所以B；因为B，所以A”。这里面包含了两次断言，“长得胖”是因为“吃得多”，而“吃得多”则是因为“长得胖”。如此循环论证其实就像车轱辘话来回说，没有实际效用。

（3）自相矛盾的诡辩。

自相矛盾的诡辩是指故意把两个性质不同，或者只具有某种相同（或相似）表相的事物拿来作类比，由其中一个事物所具有的某种性质，推断出另一个事物也具有的某种性质的论证手法。用这种机械类比得到的结论是不可靠的。

明代剧作家冯梦龙的民间笑话集《笑府》中记载过一个“不禽不兽”的故事：

> 凤凰寿，百鸟朝贺，唯蝙蝠不至。凤责之曰：“汝居吾下，何倨傲乎？”蝠曰：“吾有足，属于兽，贺汝何用？”一日，麒麟生诞，蝠亦不至。麟亦责之。蝠曰：“吾有翼，属于禽，何以贺与？”麟凤相会，语及蝙蝠之事，互相慨叹曰：“如今世上恶薄，偏生此等不禽不兽之徒，真个无奈他何！”

这则笑话是说，某日凤凰做寿，百鸟前来祝贺，唯有蝙蝠没有到。凤凰责问它说：“你位居我之下，为什么如此骄傲自大？”蝙蝠说：“我有脚，属于走兽，祝贺你有什么用？”一天，麒麟诞辰，蝙蝠也没有到。麒麟也责问它。蝙蝠说：“我有翅膀，属于飞禽，为什么向你祝贺呢？”又一日，麒麟、凤凰相聚见面，谈到蝙蝠的事，相互感叹地说：“现在世上风气恶劣浅薄，偏偏生出这样一些不禽不兽的家伙，真拿它没办法！”麒麟、凤凰的话正说明蝙蝠既不承认自己是飞禽，又不承认自己是走兽，简直是自相矛盾，它对在逻辑、思想和言论中充满自我否定的现象一无所知，反而还扬扬自得，简直可笑至极。

（4）以偏概全的诡辩。

以偏概全的诡辩是指故意用片面的、不完全的论据冒充全面、充足的论据去论证某一件事，以个别情况片面地概括为一般。在论证中常见的表现形式为，将个别情况当作一般情况，将少数扩展到全部，将局部当作整体，将可能当成必然等。

先秦名辩学家惠施曾提出过一个“犬可以为羊”的诡辩命题。惠施论证的依据是：犬是四条腿有毛的胎生动物，羊也是四条腿有毛的胎生动物，所以犬就是羊。我们知道犬和羊是属于不同科目的，如此混为一谈地说“犬可以为羊”是极为不合理的。

第三节
如何驳斥诡辩

根据上一节的内容，我们已经了解到诡辩是指有意识地以论辩伎俩为谬论做出论证。诡辩的逻辑表达有很大的欺骗性和迷惑性，诡辩的手法千变万化，因此我们要有分辨的能力，并且在遇到诡辩者时要有逻辑地驳斥他们，这样才不会被诡辩者所误导。

从论证过程来看，与正确的论证一样，诡辩也是由论题、论据和论证方式三部分组成。因此，在驳斥诡辩的时候，我们可以从论题、论据、论证方式这三个方面入手。

根据诡辩的具体情况，我们可以指出它的论题错误，或指出其论据的虚假性，或者指出它的论证方式缺乏逻辑，没有推断依据等。只要这三个方面中任意一个方面存在错误，就可以说明诡辩者的论证是不成立的。

1. 归谬反证法

对于一些明显的捏造论据、捕风捉影、断章取义等诡辩现象，我们可以采用归谬反证法来进行驳斥。在论辩时，有时无法对对方的论点、论据及论证方式进行直接或者正面的反驳时，我们可以按照对方的逻辑和思路推导出一个明显荒谬的结论，使其论点不攻自破。简而言之，归谬反证法就是顺藤摸瓜，让对方自己暴露其论点的荒谬无理。

某汽车站的候车室内，一个男青年把痰吐在了洁白的墙上。

车站管理员看到之后对他说："这位同志，'不准随地吐痰'的标语难道你没有看到吗？"

那个青年回答："看到了，这标语写的是不准吐在地上，但我吐痰是吐在墙上，没有吐在地上。"

管理员说："如果依你这种说法，那么我有痰就可以吐到你的衣服上了。因为你的衣服也不是'地上'。"

那青年顿时哑口无言。

在这个案例中，管理员就是运用了归谬反证法来驳斥青年吐在墙上而非地上的诡辩。管理员先假定青年的诡辩论题"墙上可以吐痰"是正确的，再由此引出结论"你的衣服上也可以吐痰"，而这个结论是诡辩者所不能接受的，因此证明诡辩的论题也是十分可笑荒谬的。

归谬反证法其实颇有些“以其人之道，还治其人之身”的意味，那些善于诡辩的人总是故意歪曲事实，把荒谬的观点强加于人。对此，我们用这样“以牙还牙”的方式还给对方一个谬论，使其自投罗网，不失为一个喜闻乐见的方法。下面的事例也是运用此种方法对诡辩进行的有力驳斥：

清朝初期，有一年大旱，一位老农庄稼歉收，他前来找知县大人，想减征一些粮食。

知县问老农：“今年麦子收了几成？”

老农回答道：“三成。”

知县又问：“棉花收了几成？”

老农回答道：“两成。”

知县再问：“玉米收了几成？”

老农回答道：“两成。”

知县听完勃然大怒，一拍惊堂木道：“两个两成一个三成，加起来不就是七成了？七成的年景你居然敢谎称荒年？你抗交皇粮，给我拿下！”

老农听了知县的话，吓得扑通一声跪倒在地：“大人息怒，小的实在不敢胡说，我活了一百五十岁，还没有见过如此严重的旱情呢。”

知县一听当即愣住："什么？你活了一百五十岁？"

"是啊，"老农扳着指头一边算，一边说道，"我七十岁，我大儿子四十七岁，小儿子三十三岁，加起来不正好是一百五十岁吗？"

县官听罢，思忖半天，说："你说的也有道理，那就给你免一些粮食吧。"

2. 列举反例法

在逻辑学中，我们把否定命题成立的例子叫作"反例"。如果在双方论辩的时候，对方以偏概全、轻率概括所论证的观点，那么我们可以举出与其相反的具体事例，直接有效地反驳对方的观点。

在古代，参加科举考试的考生们必须要严格填写自己的外貌特征，报考后经过审查才能去参加考试。因为那时候没有照相技术，这样做的目的是防止考生们冒名顶替，以便监考官核对人员。

相传在明朝有个考生去参加科举考试，他在填写自己的面貌特征时，写了"微须"二字。监考官巡视时对照考生的容貌，发现他脸上有一点胡须，于是气愤地说道："你明明写的是没有胡须，怎么现在有了，这是冒名顶替！”

考试听了这话十分不解，申诉道：“我明明写了‘微须’，就是有一点胡须的意思呀，怎么是没有胡须呢？”

监考官听了更加生气道：“你写的‘微须’就是没有胡须的意思，还敢在这里狡辩。范仲淹在《岳阳楼记》中有，‘微斯人，吾谁与归’之句，这个‘微’不就是没有的意思吗？”

考生立即反驳道：“史书上记载 孔子‘微服过宋’，这里‘微服’是说孔子穿着平常人的服饰，如果依您所言‘微’是没有的意思，难道说孔子没穿衣服吗？”

有了这样的反例，监考官也只能闭口不言，因为事实胜于雄辩。对于那些以偏概全的诡辩，我们只要举出一个与其相反的具体例子，就可以有力地驳倒它。这名监考官仅仅根据《岳阳楼记》中的一处现象就以偏概全地得出所有的“微”都是“没有 ”的意思，未免太过草率，被考生列举反例驳得哑口无言也是十分正常的事情。

寻找诡辩者自身的矛盾之处是最有力量的驳斥方法。从论点上来说，诡辩常常是在为谬论做辩护，谬论的荒谬之处就在于它的论点与客观事实是相违背、矛盾的。诡辩者既然是把谬论说成真理，那么揭露其论点与事实及真理相矛盾之处，诡辩者的阴谋自然就会被暴露出来了。

其次，从诡辩者列举的论据和论证方法上来说，要么诡辩的论据有虚假的地方，那么只要举出反例就是很好的反驳；要么是论证方法有违反逻辑规律的地方，那么只要找出其缺乏逻辑之处，诡辩也就不攻自破了。

列举反例法是我们在驳斥诡辩中最有效也是最容易实行的方法，只要有一个反例就可以推翻对方的结论。所以，我们想要用好列举反例法，就必须善于观察，学会理清思路，从千千万万的事物中找出一个和对方论点针锋相对的反例，对方即会被一击即中。

3. 兑现斥谬法

有一个国王非常信奉占星，经常悬赏全国最有名的占星师来给他占星。有一个骗子看到国王张贴的榜文，于是自称占星师，说他可以给国王推算命运。

一日，国王召见了这个占星师，问他自己能活到多少岁。占星师装模作样地摆弄了一番之后，想了想对国王说："您还能活一年。"国王一听这话立即吓得瘫倒在宝座上，几天之后国王因为日思夜想自己的寿命还有一年时间，竟然茶饭不思卧床不起。

大臣中有位聪明的宰相知道这个占星师其实是一个骗子，于是决定戳穿他骗人的把戏。宰相找来占星师，问他："你有没有给自己测算一下，你还能够活多久？"占星师不明所以，假装推算了一阵说："还能活三十年。"

听了这话，宰相立即下令："马上把占星师杀了。"占星师一死，国王知道自己上了当，病也马上好了。

占星师的"国王还能活一年"的结论显然是用了虚假论据，国王也因此被迷惑而惶恐不安。当占星师推出另一个论点"自己能活三十年"时，宰相却使他一天也活不了，打破了这个虚假的论据，占星师的谎言不攻自破。抓住诡辩者与事实相悖的破绽，列举出事实，迫使其在事实面前验证其观点，就能使其观点的荒谬性暴露无遗。这种方法就叫作"兑现斥谬法"，它以客观事实为依据，具有很强的逻辑力量。

4. 澄清因果法

学生甲问学生乙："只有多做练习题，才能取得好成绩，对不对？"

学生乙答道："对。"

于是，学生甲得出结论：“那么你每天做那么多练习题，就一定能得第一名了。”

学生乙方才明白学生甲是在挖苦自己。

在上述事例中，学生甲所运用的必要条件假言推理其实是错误的，因为多做练习题只是取得好成绩的重要条件之一，但是仅满足此条件，并不一定能够取得好成绩。我们要想有力地反驳此类诡辩，就必须知道什么是必要条件假言推理。

必要条件假言推理是假言推理中的一种，它是指大前提为必要条件假言命题，小前提和结论为性质命题的假言推理。它有两种有效的逻辑规则：第一，否定前件即可否定后件，肯定后件即可肯定前件；第二，肯定前件不能肯定后件，否定后件不能否定前件。

就上例来说，正确的推理结论应该为：按照规则一可以得出，没多做练习题就不能取得好成绩，要想取得好成绩一定要多做练习题；按照规则二可以得出，多做练习题并不一定能取得好成绩，没有取得好成绩并不一定是因为没有多做练习题。

由此可见，面对此类因果关系不明的诡辩，可以先用这两条规则来进行检验，然后层层递进，反驳到底。

世界上的诡辩可谓是形形色色。根据实际情况，我们要学会随时随地地选择一种或者几种方法综合、灵活地运用，不断提高我们应对诡辩的能力，才能不被诡辩者欺骗，也才能有力地堵住诡辩者之口。

在掌握了几种基本的驳斥诡辩的方法之后，我们还应该开阔自己的视野，培养一些创新性思维，出其不意。创新性思维最大的障碍就是墨守成规，思维定势。人们对事物的看法和反应往往会受到先前的理论、经验、观点、动机等的影响，并由此形成固定的观念，再凭这种观念去认识新的事物和处理新的问题。这样的思维在一定程度上可以提高我们的工作效率，规范做事的流程，使之成为习惯之后，在解决问题时会得心应手，省时省力。

但是，任何事物都不是绝对的，这种思维定势也具有两面性。如果站在驳斥诡辩的角度来看，就未必是有利的。无论是诡辩者还是反诡辩者最忌讳的就是一成不变，因为一旦思维的逻辑表达固定了，思路就会闭塞不灵活，很容易让对方找到打击、反驳你的机会。

固定的常态思维是单向性的，总是从一个角度、一个观点去认识事物或者驳斥观点，大大阻碍了思维的敏捷性。因此，我们要训练自己的逻辑思维，克服思维定势，从多角度、多方位地观察对象，并大胆假设、小心求证，从而得出正确的结论。

第八章

逻辑表达的实际应用

第一节
日常生活中的逻辑表达

我们身处在社会中，随时随地都需要进行思考和交际，这就要求我们必须学会正确地表达自己的观点或者情感，并运用逻辑思维来解决问题。如果你在表达的时候，概念不清或者语句模糊就很容易引起歧义；用词繁复、句式冗长，就可能让对方在你絮絮叨叨一大堆之后摸不着头脑。因此，学习逻辑表达就是为了让我们能够在日常生活和工作中避免这些问题。

正如著名科学家莱布尼茨所说："智力曾经发现的一切东西都是通过逻辑规则这些老朋友被发现的。"逻辑思维表达的形成不仅仅是为了研究一门科学，它已经渗透到了我们生活的每一个细节、每一个角落中。说话要有逻辑，写作要有逻辑，它已经成为现在社会生存的必备技能，任何人都不能无视它的重要性。

在世界上，每个人都要进行思考，甚至时时刻刻要准备进行一番推理或者论证，并且每个人都要面对他人的推理和论证。有些人从事刑侦或者谈判工作，有些人喜欢看推理小说，可以说无论是工作需要还是业余爱好，逻辑表达已经悄无声息地渗透到了我们人生的方方面面。良好的思考、推理、论证能力，对少数人来说可能是天赋所得，因为他们天生逻辑思维敏锐，条理分明。但是对于大多数人来说，逻辑表达能力也可以经过后天训练所得。与此同时，有了逻辑表达能力，我们不仅能够获取新的知识，还可以提高思维的敏捷性、预见性和实践的有效性。在我们运用类比推理或者归纳演绎法时，会发现生活中原本习以为常的事情居然有不为人所知的规律和特点。在我们学习了逻辑表达知识后，把它充分地运用到我们的实际生活中，就会使我们的生活更加精彩纷呈。

逻辑学家认为，逻辑表达力不仅是组织论证思想的工具，同时也是帮助人们获得新思想认知的工具。

一次古代战争中，一支军队进入荒无人迹的深山峡谷后迷了路。队伍一直在峡谷中原地绕圈。这时候，队伍中的一位老士兵突然想到“老马识途”的道理。于是，他在十几匹战马中挑出一匹老马，让它在前边走，其他人马在后边跟着。不久后，这匹马果然把队伍带出了山谷。

在这则故事中，士兵为什么相信“老马识途”的原理呢？其实，这是他应用演绎法中的三段论而做出的推理。大前提是“老马识途”，小前提是“这是一匹老马”，所以可以得出结论“这匹老马认识走出山谷的路”。而这番推论，确实把队伍从困境中解救了出来。

但这样的演绎推理只有在大前提准确或者是得到过验证的情况下，才能成立，如果这个前提是不确定的，或者是错误的，那么得出的结论就会毫无意义。所以，学会逻辑表达就可以避免很多无知造成的错误发生。当我们有了正确的思考和判断能力时，才能意识到哪些事情是对的，哪些事情是错的，从而有意识地避免错误局面的扩大化。

逻辑学能够帮助人们更有效地进行思想交流、传播真理和批判谬误。人类在改造自然和社会发展的过程中，免不了要相互交往，或者讨论共同关心的话题，或者调解各种矛盾和纠纷。因此，在各种思想观点的交锋中，如果人们善于运用逻辑知识作为工具，就能使自己的讲话能力或写文章水平得到提升，从而说话办事更为严谨，并能起到更好的宣传真理、驳斥谬误的效果。

人们在工作和生活中都离不开语言交流。逻辑学，特别是语言逻辑是正确思维和有效交际的理论基础，掌握语言逻辑的运用对于提高人们的正确思维水平和交际能力有着重要作用。

在电视上，我们经常会看到一种传统的曲艺表演——相声。表演过程中，表演者为了引得观众发笑，经常会在组织好的语言中预留伏笔，埋下包袱，等到恰当的时候，将包袱抖出来，揭开悬念，或者把之前铺垫酝酿好的笑料说出来。在抖包袱的过程中我们会发现：很多相声的编排都运用到了逻辑表达中的技能，有些时候故意制造逻辑错误，给观众呈现出概念混乱、一词多义的笑料。比如说，在经典相声《大娶亲》中，就有这么一段：

甲：我这不问他岁数吗？

乙：行行行……不是问他岁数吗？告诉你，我爸爸六十。

甲：遛食？

乙：哎！

甲：好！

乙：好？

甲：当然好了！饭后百步走，活到九十九。吃饱了，遛遛食！

乙：不不不！哪儿的事？怎么吃饱了溜食啊？

甲：你不说你爸爸遛食去了吗？

乙：我是说六十岁！

在这段相声里，就有一个非常明显的偷换概念的包袱。甲问乙的父亲多大，乙告诉甲，他父亲六十了。甲却故意将“六十”理解成“遛食”二字，所以回答的“饭后百步走，活到九十九。吃饱了，遛遛食”，简直风马牛不相及。再加上前面一系列的铺垫，就形成了一个很好的笑点，让观众们听了笑得前仰后合。由此可见，在相声表演里，能够在合适的场合充分利用偷换概念这个手法，是能够起到非常好的喜剧效果的。

但是，偷换概念这个手法如果运用得不恰当，就会产生与之完全相反的作用。比如我们经常会看到很多商家在做促销活动时打出“买一赠一”的广告。可很多时候，所赠的物品并非如宣传中一样。你买了一个手机，结果拿到手的是一个耳机；你买了一个高压锅，结果赠给你的却是一把锅铲……当你拿着这些赠品去找商家理论的时候，商家却大言不惭地说此一非彼一，广告上并没有说明赠品一定要和所购买的物品一致，偷换概念，让顾客吃了哑巴亏。

所以，我们要提高警惕，谨慎观察对方是否违反了同一律，避免自己上了偷换概念的当，造成不必要的损失。

在生活中，逻辑表达的训练能够提高我们分析事物的水平以及准确表达思想内涵的水平，也能够培养我们的批判性思维。离开这些深层次的需求不说，在日常生活中，在我们思考的同时，我们就在锻炼着逻辑思维。

接下来，我们再看一个与生活息息相关的例子：

一位顾客去商店买衣服，看中了一件颜色艳丽的上衣。

顾客问售货员："这件衣服是现在最时髦、最流行的款式吗？"

售货员说："当然，这是现在市面上最流行的时装了！"

顾客说："这么鲜艳的颜色，太阳晒了会不会褪色呀？"

售货员说："那怎么可能呢？这件衣服在我们这儿的橱窗里已经挂了两年多了，您看，到现在不还是和新的一样吗？"

这件衣服“是现在最时髦、最流行的款式”和“在我们这儿的橱窗里已经挂了两年多了”，这两句话本身就相互矛盾，售货员大概都没有注意到自己说了自相矛盾的话。所以，利用逻辑思维可以揭穿我们日常生活中的很多谎言。

列宁曾经说：“任何科学都是应用逻辑。”在人类生活的这片土地上，生长着具有智慧的逻辑之花，它根植于人类的思维中，每当人们进行思考或表达时，都会不自觉地运用逻辑的力量。

因此，如果我们想要对事物产生正确的认知，就离不开逻辑学的准则。如果不按逻辑学提供的准则去做，违反了逻辑思维的基本规律，那就不可能正确地进行思维活动。特别是对于需要大量统计、分析、推理、论证的工作，逻辑思维的作用更加突出。在无数的生活实践中，我们切身体会到了逻辑表达带给我们的便利，把握好逻辑知识并把它应用我们的生活中，也会对与我们息息相关的社会文化产生深远影响。

第二节

言之有序，逻辑的语言表达

我们都希望在语言表达上能够更加有逻辑，但若想提高我们的逻辑表达能力，就要多说多练。每次出口的语言要经过加工和组织，说话之前先进行思考，突出重点，主次分明，这样的表达才能取得理想的效果。那么，我们用什么方法可以培养自己语言表达的逻辑性呢？

无论是演讲、谈话还是论辩，我们都需要较强的语言组织能力，没有这种能力就不能进行有逻辑地表达。因此，首先我们要注意说话内容之间的关联性。这种能力可以培养获得。例如，在你读一篇文章或者听一段广播之后，不要看过、听过就忘记了，要学会总结这段话想要表达的核心思想，联系上下文，找到这段话或者这篇文章写作的逻辑脉络，想一想如果让自己来表达这样的内容，如何运用文字。当有了这些思考之后，下一次你面对类似的情况，就会知道如何表达了。

除此之外，利用多种感觉器官加深记忆。在阅读时，遇到能够启发你思维的内容可以大声朗读出来。朗读可以增强我们的语感，有利于开发右脑。在朗读的过程中，把抽象的文字变成了形象的声音，更容易形成记忆。有些话我们之所以能够没有语法错误地脱口而出，找到表达的载体，就是因为是语感在起作用。想要让自己的语言表达流畅清晰，提升你的语感，是最好的方式。

不同类型的文章有助于训练不同的逻辑表达能力：如果你想要提升自己的论述能力，就要多阅读一些议论性的文章；如果你是一个感性的人，想提高抒情方面的表达能力，就多读一读抒情类的散文。通过这样的积累，你的思维会逐渐得到扩展，语感也会逐步得到提升，语言表达能力自然就提高了。

在进行口头表达的时候，先简单地记录下你要说的观点，简要概括要表达的内容。写和说是两码事，所以就算我们写作能力再强，如果我们不去开口锻炼口才，那么我们的口头表达能力还是不会取得进步。

思维习惯的培养是一个长久的过程，决不能一蹴而就。通过写作的练习能够强化我们的思维能力，让我们在大脑中形成有逻辑地说话的思维习惯。当我们有了这种思维习惯后，就可以顺其自然地把大脑与嘴巴联结在一起，从而提高表达能力。经过这些方式的锻炼，我们的逻辑表达能力自然就会获得显著的提升。

语言是人们交流思想的媒介，它是人类最重要的交际工具，也是人们进行沟通的主要表达方式。如何组织语言是很多人都会困惑的问题，其中最难的就是找到表达的切入点。俗话说，万事开头难，有了这个切入点才能进行后续一系列的论证和表达。有了观点之后，你还需要进一步阐明这个观点，这样表达才算完整。

很多人都有这样的表达问题：在阐述完自己的观点之后，别人让他解释一下为什么会得出这个观点，他就说得语无伦次、磕磕绊绊了。对于这些人来说，表明自己的观点是一件比较容易的事，一两句话就能说完，但是他们却并没有建立完整的逻辑思维，没有储存有效的论据，所以才导致论述时吞吞吐吐。

说结论容易，比如“我不喜欢这份工作”“我觉得这个游戏不好玩”“这部电影没有我想象中的好看”……但想要有理有据地阐述得出这个观点的原因，就相对比较困难了。因此，你要在杂乱无章的观感中理清自己的思绪，并且按照一定的逻辑顺序，梳理出自己要表达的内容，抽丝剥茧整理出合理的思绪。

例如如解释“这部电影没有我想象中的好看”，就需要你从看完电影的众多感受中找到一个切入点，并且找一些具体的有代表性的片段或者不合理的剧情，然后通过相应的载体，将其表达出来。比如说，你感觉人物性格的塑造不够立体丰满，故事情节的发展不够流畅真实，思想立意没有推陈出新，等等，把这些因素有机地组织在一起去说就能确实可信地表达出这部电影不好看的观点。

在表达观点时，大致上有两种性质：肯定性的论述和否定性的论述。只有当你不想让别人知道你的确切观点，你才会“顾左右而言他”地模糊性回答，或者对自己的观点模棱两可，有所保留时，决定采取中立的回答。

由此可见，“这部电影没有我想象中的好看”是一个否定的观点，那么你就要找出一些否定的事例去阐述这个观点；如果你的论断是“今天去公园玩得很开心”，这就是一个肯定的论断，那么你就要找出一些肯定的事例来证明为什么玩得很开心。找到表达的入手点，接下来就是语言的组织。

很多人说话磕磕绊绊的主要原因是词汇的匮乏或者是语言组织不太熟练。例如，你想表达一种愉快的心情，你会想到什么词语呢？“开心”“兴奋”“喜悦”这些是最基本的词语，还有“欢天喜地”“心花怒放”“欣喜若狂”等成语，这些词语作为表达的载体都可以把这种抽象的情绪转化为清晰可见的描述。

如果你的头脑中，没有储备足够多的载体，那么在表达时就会大脑一片空白。就好像用不熟悉外语表达自己的喜悦心情一样，结结巴巴，难以开口，让听者不明所以。

与此同时，对语法规则的熟练运用，也能够提升我们组织语言的表达能力。在阐述一个问题时，最基本的是要做到语言通顺、表意明确，让表达有种层次分明的效果，这样会让听者有起承转合的趣味感。

表达时，要会运用“首先”“然后”“最后”这种连接词，有逻辑、讲规则地把你要表达的内容串联起来；或者要运用“因为”“所以”这些逻辑关系词，揭示事件之间的关系。

今天，小敏第一次和爸爸妈妈来到游乐园游玩，一进门就看到人潮涌动的场面，每个项目都排着长长的队伍，为了能够多玩几个游戏，爸爸妈妈分别去不同的游乐项目上给小敏排队，即使这样，小敏最后也只玩了五个游戏项目，比之前的预期差了很多，这使小敏的心情低落了不少。

晚上回家后，爸爸妈妈问小敏今天去游乐园玩的感受，如果小敏想表达“游乐园不好玩”这个观点，她要怎么表达呢?

找到切入点后，她就要开始找案例并且组织语言，可以这样进行表达：

“首先，游乐园人实在太多了，玩哪个游戏都要排上半个多小时的队，但是每个项目的参与时间只有五到十分钟。我都还没有玩够，时间就到了。

“其次，游乐园里的东西价格比较贵，一些吃的喝的量少价高，而且味道也没有别的地方的好吃，让我感到性价比不高。

“最后，游乐园里安排的表演节目比较普通，没有什么特色，所以这个游乐园给我的感觉就不是那么好玩了。”

通过对载体的运用，把你想要表达的内容用语言组织起来，形成连贯的逻辑，多说多练，能够有效提升我们的表达能力。在潜移默化的作用下，我们表达的载体也会得到丰富。渐渐你会发现，当想要把某种感觉转化为语言时，自己积累起来的描述方式在逐渐增加，这就是你语言能力有所提升的体现。

第三节

工作汇报，简洁高效是法宝

在职场中，撰写工作汇报是每个员工都要经历的事情。很多领导非常重视员工的季度总结或者年终汇报，一份好的工作汇报是员工对自己工作的里程碑式梳理，也代表了对未来职业发展的展望。但是，很多员工对撰写工作汇报上是十分头疼的，明明工作完成得很好，领导也十分满意，落到纸上却总是没有重点、不知所云，很难让人看下去。

如果员工写的工作汇报、年度总结、工作计划等，全都是逻辑混乱的流水账，那么其职业生涯一定会受到影响。

美国著名的麦肯锡公司的很多员工也曾面临这样的问题，直到采用了金字塔原理进行工作汇报之后，整个公司的文风才得向条理分明的方向转变，各部门之间的沟通效率也得到了提升。

生活中，我们时常会听到一些乱用连接词或者重复使用连接词的表达。例如“我刚才去买了苹果，但是价格很贵，然后还是买了，虽然比我想象的价格高，不过我还是想吃，所以就买了”，这句话的实际意思其实很简单，就是虽然苹果贵，但是我想吃，所以买了。明明几个字可以表达清楚的，却要啰啰唆唆讲一大串，这就是逻辑思维混乱造成的。

在周一的例会上，公司老板要求员工小赵对上周会见客户的情况做一个汇报。

小赵站起身来：“上周四，我先给对方公司打了电话，想约刘总周五见面。对方第一次没有接，然后我又打了几次，终于约到了刘总。周五早上，我去了他们公司，见到刘总后谈了谈未来一个季度的合作事宜。聊了大概两个小时之后，我请他到附近的饭馆吃了顿饭，我们边吃边聊，气氛很融洽，然后吃完饭以后，我把他送回了家……”

老板听着小赵的汇报，脸色越来越黑，还没等小赵说完，就强忍着怒火打断他，说道：“然后呢，说重点！”

小赵不明所以地说：“然后，我下午就回公司继续上班了……”

老板听后气得差点没把小赵轰出会议室。

虽然这个故事略有夸张，但这就是无逻辑的表达方式。很明显，老板想听到的是小赵和刘总在业务洽谈方面的进展和成果，而不是他们俩从早到晚都做了些什么，可作为员工的小赵却完全不知道重点是什么。其实，他说的这些可以用一句话来概括：上周五和刘总面谈了双方公司的发展业务，刘总表示合作得非常愉快，未来还可以在以下方面进行长期合作。如果领导要小赵具体汇报，那么他可以继续进行详细的汇报，并且说明还有哪些问题没有达成共识，以及自己对这些问题的建议等。这样的工作汇报又省时省力，还能让领导一听就明白。

如果我们要写的是书面工作汇报，该如何组织架构文章呢？书面报告比口头汇报更需要逻辑，先写什么，后写什么，哪项内容放在前边，哪项留在后边，都要在下笔之前在头脑中做出构思。一篇有内在逻辑并且组织严谨的文章，能够让读者一看就懂，开篇就进入主题，不是看到最后也不知道重点要说明什么。而一篇逻辑混乱的文章，则会让人越看越感觉烦躁，甚至让人还没看完，就扔在一边了。

在前文中，我们曾经讲过金字塔结构，要想把文章写得有条理、有逻辑，金字塔结构的组织结构安排是最合适的选择。

利用金字塔结构的逻辑写工作汇报，主要有三种方式：

第一种，以因果关系确定文章的逻辑。

这种方式主要利用事件的因果关系，先说结果，再说原因，来安排文章的逻辑结构。

当我们需要向上级汇报工作，向他人介绍情况，向下级安排任务的时候，就可以采用这种逻辑思维进行表达。在阐述原因的时候，要注意分清楚主次，最好是先讲述核心或者最重要的原因，再讲次重要的原因，最后讲那些无关紧要的原因。先说结果的好处就是结论一目了然，可以让他人直接抓住关键点。

第二种，是以平均分割整体的方式来确定文章的逻辑。

如果我们的汇报内容没有那么明显的因果或者主次关系，每一项的重要性都十分均衡，在这种情况下，就可以使用这种方式。把整体要报告的内容平均分成若干份。比如说，领导做总结大会时可以这样说："今年的例会主要是讨论如何提升我们公司明年的业绩，关于这个问题，我先发表三点看法。第一点……第二点……第三点……"或者是"今年的例会主要是讨论如何提升我们公司明年的业绩，首先市场部应该着重明年的市场方向……设计部应该提高设计水平……宣传部还要加大对公司产品的宣传力度……"这样细分下来，每个环节都不会遗漏，表达也更加条理清晰了。

第三种，是以重要性为顺序来确定文章逻辑。

这种方式很容易理解，我们的工作一定会有重要工作和非重要工作的区别，所以在汇报时可以按照重要性或者领导的关注度来确定报告的逻辑顺序。比如说，在报告一项工程任务时，我们可以先叙述工程的质量问题，然后说预算资金问题，最后再说明其他问题。

对于上述的三种方式，在实践中我们既可以单独使用，也可以互相组合使用。不管我们如何去应用，必须注意一个核心。这个核心就是：关键问题和重点信息要提前说明。这样既可以在最短的时间内，让对方得到最想要的信息，又可以条理清晰地把事情阐述清楚。

在写作中应用金字塔结构对于写好文章中的各级标题来说，是十分重要的。那么，如何才能把标题确定好呢？

首先，要明确标题的意义。很多人认为文章中的各级标题是为了使页面层次分明，用标题把上下文分开，不至于整篇文章都混为一团；也有人认为写标题的目的是对几段内容进行总结归纳，让读者一目了然。这些虽然都是标题的作用，却不是其最为核心的目的。其实，标题主要是为了引起读者的注意，让读者有继续阅读下去的欲望。因此，标题除了有总结的功能，还要吸引人。这一点是十分重要的。

其次，在同一篇文章中，相同级别的标题通常要采用相同的写作风格。根据金字塔结构的写作要求，相同的思想观点要划分到同一标题中。这样就会形成一组并列关系的标题，这一组标题在性质和结构上要保持统一。工作报告不是散文，形式和风格要以严谨规范为主，因此最好每个标题都采用同样的语法形式。这样写出的标题工整而对仗，能使整篇文章显得更加规整。

第四节

理由得当的拒绝词才不伤人

对多数人而言，拒绝别人的要求，对他人说出“不”简直比登天还难。在日常交际中，我们宁愿自己吃亏也不好意思开口拒绝别人。很多人即使在心里想好了千百种说辞，却依然说不出口。一些人是碍于情面，还有一些人害怕伤害对方，觉得拒绝是一种情感上的打击。所以，懂得拒绝至关重要，有逻辑地拒绝别人才不会让对方受到伤害，也有利于提高我们的工作效率和生活质量。

面对生活中接踵而来的请求，不好意思拒绝的结果通常会令我们感到痛苦无奈，我们可能会在寂静无人的夜晚扪心自问：“我对每个人都那么好，从不拒绝他们的要求，为什么他们不但不知道感恩，还认为我的帮助是理所当然的？”“我是否应该尝试在无能为力的时候学会拒绝别人呢？”

其实，你完全可以把自己从尴尬的境地中解救出来，当我们学会适时地对他人说“不”时，也就学会跟自己的快乐说“是”了。有人群的地方，就会有人际交往；有人际交往，就会产生事端。我们的身边经常有这样的人，他们总是无理地向别人提出这样或那样的要求，甚至觉得别人都应该照顾和帮助他们，如果得不到对方的回应还会责怪对方。碰到这样无理取闹的人，我们就应该予以拒绝。但是，考虑到以后在工作或者生活上的交往，考虑到全局的利益得失，拒绝要有一定的策略。

导游小米正带着旅游团参观景区，小米给大家讲解完景点后让大家自由参观。旅游团中的一位阿姨参观完让小米帮她拍照留念，但是她要拍照的地方是禁止拍照的区域。小米看到禁止拍照的提示牌并没有直接指责这位阿姨的行为，而是微笑着对这位阿姨说："阿姨，从情感上我非常愿意为您服务，也非常希望您这次旅行能够开开心心，但是从这个规章制度上来讲，很抱歉，我恐怕不能帮助您。"小米说着，指了一下旁边"禁止拍照"的提示牌。阿姨看到之后，也连忙表示不好意思，并且不再要求拍照了。

在这个事例中，小米就是一个非常聪明的人，她所采用的拒绝方法是极其明智的。这种先"是"后"非"的拒绝方法，既不会损害双方的感情，还能寓理于情，使对方认识到自己的错误，从而收回自己的请求。

合理地拒绝别人，是人际交往的一门艺术。从某种意义上说，善于拒绝有时比欣然给予还重要。拒绝别人不是生硬地责怪对方的无能，也不是冷言冷语地指责别人耽误了你的时间，而是要在合情合理的基础上委婉地告诉对方自己的不便之处。这样的拒绝不仅不会让对方反感，反而能体现自己的气度，使自己进退自如。

如果你没办法拒绝别人，想一想原因是什么呢？是想一人独揽，全方面地展现自己的能力？还是明明想拒绝却找不到好的借口？或者是太好面子，不好意思说出口？假如你实在不知道如何拒绝，又不想使自己太过难堪，那就用微笑来解决这个问题吧。在对方把不合理的请求说完以后，回以对方微笑。这个微笑不但可以缓解紧张的情绪，不至于让双方太过尴尬，还可以使自己免去言语不周而导致的许多麻烦。要知道，有时一个微笑就胜过了千言万语。

表达是要讲求逻辑的，合理拒绝别人更要求我们要掌握一定的方法，否则不仅会让对方不理解你的苦衷，还会加深彼此之间的隔阂，下面有几种方法可以作为参考。

方法一：换位思考，让对方感同身受，主动放弃

换位思考是最能让对方理解你的处境和情感的方式，我

们只有设身处地地站在对方的角度和位置上思考，才能感受到对方的内心。

第二次世界大战时，一位记者问美国总统罗斯福，是否可以告知诺曼底登陆的具体地点。众所周知，这样重要的军事机密是不可以对外透露的。于是，罗斯福对那位记者说道：“如果别人郑重地告诉了你一个独家新闻，你会轻易地告诉别人吗？”这位记者当即回答道：“当然不能，这关乎职业操守问题。”罗斯福听了他的回答后微笑着说道：“那么我也是，这同样关乎我的职业操守，所以我也不能。”记者羞愧地笑了笑，不再追问罗斯福。

事后，记者非常感谢罗斯福总统用这种方式回答他，照顾他的面子，没有让他尴尬得下不来台。

感同身受可以理解为共情力和同理心，遇到无法回答的问题时，我们可以表达出在情感上与对方站在一起的意思。虽然自己很想和对方一起努力把事情做好，但是这个事情实在是超出了自己的能力范围，不是一两句话可以解决的。这样虽然没能帮助到对方，却在心理上安慰了对方的情绪，让对方感受到了自己的真心。

方法二：实话实说，减少对方的不愉快

很多时候，我们最担忧的就是对方提出的要求被回绝后的心理变化，毕竟大家以后还会继续见面和交际。其实，遇到这样的情况，我们可以真诚地把自己的难处告知别人，这样他人就会意识到你的有心无力，会更加理解你，从而放弃自己的请求，也就不再强人所难了。其实，摆事实讲道理，说清楚事情的来龙去脉是最简单、有效的解决问题的途径。

我们经常会遇到被朋友或者同事借钱的情况。如果自己手头宽裕或者对方信用良好确实有急用，那我们当然可以慷慨解囊，但如果你也捉襟见肘，不如就将自己目前的处境告知对方。诚恳地表达出自己的困境，会让对方觉得你并不是有意拒绝，最后就会主动放弃。

人都有自尊心，拒绝别人的时候，最好转个弯说出你的拒绝，当你委婉地表达自己的难处时，对方心里也不会觉得特别难受。

方法三：借故拖延，善用缓兵之计

在社交场合中，我们经常会遇到别人的盛情邀请，但是我们的内心又希望能拒绝一些无效社交，那么我们该如何应对呢？这时候，我们就可以使用缓兵之计，设法拖延时间来

表示拒绝。

聚会是我们联络感情的一个常用方式，但是很多无意义的饭局经常让我们苦恼。当有客户或朋友请你吃饭，而你又觉得没必要去的时候，不如采用缓兵之计，告诉对方，这次确有不便，已经有了其他安排，等下次有时间再聚。这样，对方一定能听懂得我们委婉拒绝的意思，不会再咄咄逼人。

方法四：给对方一个可行的建议

虽然我们已经委婉地表示拒绝，但也可以在适当的时候给对方一个可行的建议，让对方感受到我们的真心。这样的拒绝或许于对方而言也是一种精神上的帮助，何乐而不为呢？

其实，在正常的逻辑思维中，当一个人开口提出要求时，他的内心已经预备好了两种答案——被接受或者被拒绝。所以，任何答案都在他的意料之中。如何合理地拒绝别人，不仅是个技术问题，还是个表达的问题。

首先，你要意识到自己只是个普通人，能力、精力都有限，做不到有求必应；其次，你要尊重自己内心的真实想法，不要害怕因为拒绝他人而破坏了彼此之间的关系。如果你的理由正当，对方一定会选择理解和接受。

图书在版编目（CIP）数据

逻辑表达力 / 林墨恒著 . -- 南京 : 江苏凤凰文艺出版社 , 2020.11
ISBN 978-7-5594-5048-7

Ⅰ . ①逻… Ⅱ . ①林… Ⅲ . ①语言表达 – 通俗读物
Ⅳ . ① H0-49

中国版本图书馆 CIP 数据核字 (2020) 第 143597 号

逻辑表达力

林墨恒 著

出 版 人　张在健
责任编辑　王昕宁
特约编辑　赵璧君　申惠妍
装帧设计　苏　涛
责任印制　刘　巍
出版发行　江苏凤凰文艺出版社
　　　　　南京市中央路 165 号，邮编：210009
网　　址　http://www.jswenyi.com
印　　刷　北京永顺兴望印刷厂
开　　本　880 毫米 × 1230 毫米 1/32
印　　张　6.5
字　　数　110 千字
版　　次　2020 年 11 月第 1 版
印　　次　2020 年 11 月第 1 次印刷
书　　号　ISBN 978-7-5594-5048-7
定　　价　39.80 元